写作创造美好生活

新教育实验『师生共写随笔』的理论与实践

大夏书系·新教育实验文丛

新教育研究院 / 编著

华东师范大学出版社
·上海·

图书在版编目（CIP）数据

写作创造美好生活：新教育实验"师生共写随笔"的理论与实践 / 新教育研究院编著. —上海：华东师范大学出版社，2024. — ISBN 978-7-5760-5411-8

I. H15

中国国家版本馆 CIP 数据核字第 202417VB56 号

大夏书系 | 新教育实验文丛

写作创造美好生活——新教育实验"师生共写随笔"的理论与实践

编　　著	新教育研究院
责任编辑	程晓云
责任校对	杨　坤
封面设计	奇文云海·设计顾问

出版发行	华东师范大学出版社
社　　址	上海市中山北路 3663 号　邮编　200062
网　　址	www.ecnupress.com.cn
电　　话	021-60821666　行政传真 021-62572105
客服电话	021-62865537
邮购电话	021-62869887
地　　址	上海市中山北路 3663 号华东师范大学校内先锋路口
网　　店	http://hdsdcbs.tmall.com/

印 刷 者	北京季蜂印刷有限公司
开　　本	700×1000　16 开
印　　张	11.5
字　　数	144 千字
版　　次	2024 年 11 月第一版
印　　次	2024 年 11 月第一次
印　　数	4 100
书　　号	ISBN 978-7-5760-5411-8
定　　价	55.00 元

出 版 人　　王　焰

（如发现本版图书有印订质量问题，请寄回本社市场部调换或电话 021-62865537 联系）

目 录
Contents

001　序　在岁月中见证信仰的力量

第一部分 >>>
新教育写作的理论与实践

003　写作与新教育写作

011　新教育写作的意义与价值

022　新教育写作的实践探索

036　附：旺苍宣言

第二部分 >>>
专业引领

041　网络写作："新网师"促进教师专业发展的实践与启示

045　一个人与一群人：思想长跑的精神意义
　　　——我所经历与理解的新教育写作

049　20年，20本书

052　图说眼里的世界　写画心中的天地

- 055　百分论坛，满分人生
  ——"励进百分论坛"的笔尖故事
- 059　成长的印迹，无尽的延伸
- 062　情满心怀，花开笔尖
- 066　以笔为马，奔赴教育的诗和远方
- 070　叩开读写之门
- 074　在书写中遇见更好的自己
- 077　诗意可抵岁月长，静待"数学"绽芬芳
- 081　一场关于生命的超越之旅
  ——科学学科写作叙事
- 085　为全民写作探路
  ——新教育写作评点与随想
- 096　教育写作是为什么
  ——兼谈三类教师的教育写作

第三部分 >>>
区域叙事

- **105** 红城绿谷飘书香　师生共写话成长
  ——"共读共写共成长"旺苍新教育实验区叙事
- **115** 放弃容易,但坚持一定很酷
- **120** 这里,有一片滋养生命的沃土
- **124** 关爱留守儿童,守住教育初心
- **127** 深深爱　缓缓说
- **130** "一座桥"的使命
- **134** 寻找自由之路,共赴读写之约
- **138** 生命里的那束光
- **145** 携一缕书香　伴一路成长
  ——书虫班共读共写随笔的那些事儿
- **149** 蝶变：舞动生命之歌
- **153** 擦亮每一个平凡的日子
- **158** 读写,共赴一场幸福之约

- **163** 后　记

序
在岁月中见证信仰的力量

20世纪80年代后期,"教育危机"成为世界教育的一个关键词。在中国,改革开放带来了教育事业的快速发展,但随之也产生了片面追求升学率、择校热等社会问题。1999年,中共中央、国务院发布了《关于深化教育改革全面推进素质教育的决定》,多种教育改革探索也应运而生、潮流涌动。无论是叶澜教授的新基础教育实验、杜郎口中学的课堂变革、北京十一学校的课程变革、清华附小的主题式学习,还是民间关于蒙台梭利、华德福等教学模式的探索,以及小规模学校、"教育自救"式在家学习方式的兴起,都为推动教育改革注入了充沛的活力。在这众多的改革探索中,新教育实验走出了一条独特的道路,也形成了一道独特的风景。

经过20多年艰辛探索,新教育实验已"由一个书斋的念想,变成了一个团队的行动"。20多年来,新教育人以堂吉诃德式的勇气,将苏南一隅的点点星火,欢愉地撒遍广袤的天南地北,以西西弗斯式的执着,将晨诵、午读、暮省的生活方式,柔软地植入未来的中国心灵。如今,"'生于毫末'的新教育实验虽然尚未成为'合抱之木',却已成为当今中国教育改革的一朵奇葩",成为当今中国规模最大的民间教育改革行动,现有196个县级实验区域、9000多所实验学校,890多万名师生参与。新教育实验已经成为当今中国改变区域教育生态,提升区域教育品质,推动教育普惠公平,促进教育高质量发展的有效路径之一。

经过20多年的蓬勃发展，新教育实验也已走出中国，走向世界，渐渐为国际社会所认知，国际影响力不断扩大。2014年4月，新教育实验入围世界教育创新峰会2014年WISE教育项目奖15强。2022年，新教育实验发起人朱永新教授也因新教育实验，获评"一丹教育发展奖"。这个奖记录着中国教育一线行动者的探索，获奖也是对中国教育改革开放成就的认可。如今，朱永新教授的多种教育著作已有28种语言、90余个文本在世界40多个国家出版发行。新教育实验已经成为"世界语境"中的"新教育"在当代中国的一声"回响"，成为当今世界教育改革行动中比较典型的"中国故事""中国声音"。

新教育实验在启动之初，以课题研究的方式推进。2003年12月，"新教育理论的实践及推广研究"课题成为全国教育科学"十五"规划重点课题。2008年12月，"新教育实验与素质教育行动策略的研究"再次成为全国教育科学"十一五"规划重点课题。20多年来，新教育实验先后申报、实施了教育部、中国教育学会、中国陶行知研究会的多项课题。随着研究的深入和规模的扩大，新教育实验渐渐超越了课题的范畴，探索出了既包括课题引领，又包括区域联动、机构协同、项目牵引、会议研讨等多维发力的推进范式。实验区域是新教育实验推进的主体力量。实验区域主要依靠行政的力量推动。行政力量的介入加快了新教育实验的发展。20多年来，新教育实验涌现了山东日照、诸城，甘肃兰州、庆阳，江苏海门、新沂、徐州，山西绛县、临猗，河南焦作，江西定南，浙江杭州萧山，四川成都武侯，陕西汉中宁强、安康汉滨等许多典型的实验区域。20多年来，新教育实验建立了苏州市新教育研究院、江苏昌明新教育基金会、中国陶行知研究会新教育分会、江苏省教育学会新教育研究专业委员会和苏州大学新教育研究院等机构,苏州市新教育研究院又设有办公室、研究中心、发展中心、培训中心,以及新阅读研究、新生命教育研究、新科学教育研究、新艺术教育研究、新德育研究、新家庭教育研究、新职业教育研究、新评价与考试研究、学校管理研究等项目研究团队。这些机构和团队各司其职,共同推动新教育实验的发展。营造书香校园、师生共写随笔等十几个项目都是新教育实验的具体抓手。如今,许多新教育实验区域、学校正通过"1+N"的思路,着力推进新教育项目深耕行动。20多年来,新教育实验一直借助重大会议营造声势,统一思想,交流经验,壮大规模,滚动发展。新教育会议包括工作会议与研讨会。研讨会又包括新教育年度研讨会(即新教育年会)、国际论坛、中美论坛、领读者大会、智慧校长论坛及区域性的新教育开放周等。其中,新教育年会是新教育最重要的会议。

新教育实验研讨会在新教育实验初期并没有形成一年一度的制度。2003年7月,新教育实验首届研讨会在江苏省昆山市玉峰实验学校召开。昆山市玉峰实验学校、常州武进湖塘桥中心小学、盐城市大丰区南阳小学等10所学校,成为第一批正式命名的新教育实验学校。

2003年12月,"新教育理论的实践及推广研究"课题成为全国教育科学"十五"规划重点课题。2004年4月,该课题开题会分别在江苏省张家港高级中学和常州武进湖塘桥中心小学举行。我们把这场开题会同时作为新教育实验第二届研讨会。这次研讨会上,联合国教科文组织国际联合会原副主席、中国教育学会常务副会长陶西平对初生的新教育实验寄予了深切期望，并预言"新教育实验将会成为中国教育的一条鲶鱼，搅动中国教育这缸水"。

2004年7月，新教育实验以"新教育、教育在线和教师成长"为主题在江苏省宝应县翔宇教育集团举行第三届研讨会。这次会议重点讨论了网络背景下教师成长的规律问题，当时，学术界对一线教师的成长生态相对关注不够，新教育实验团队较早意识到教师发展困境这一问题，并自觉地利用互联网帮助教师成长。

2005年7月，新教育实验第四届研讨会在四川成都盐道街中学外国语学校举行。会议的主题为"新德育"，会上发布了《新公民读本》系列教材，新公民教育和新生命教育开始进入新教育实验的视野。在这个意义上说，新教育实验的课程建设，是从新德育起步的。

2005年12月，"北国之春——全国新教育实验与教师专业化成长研讨会"在吉林市第一实验小学召开。这次会议将新教育实验关于教师成长的理论和实践探索归纳整理为新教育实验的"三专模式"（即"专业阅读+专业写作+专业发展共同体"，后来把"专业发展共同体"修正为"专业交往"）。这次会议也是新教育实验第五届研讨会。

2006年7月，新教育实验第六届研讨会在清华大学举行，会议正式提出了新教育的核心理念——"过一种幸福完整的教育生活"。新教育人将这次北京会议视为新教育实验的"进京赶考"。核心理念的凝炼和专业化团队的建立，对于新教育实验是一件具有里程碑意义的事件。这六届研讨会都以新教育工作会议的形式呈现，主报告内容都是对以往新教育实验工作进行总结，对未来新教育实验发展作出展望和规划。

2007年7月，新教育实验以"共读、共写、共生活"为主题在山西运城举行了第七届研讨会，正式提出"晨诵·午读·暮省——新教育儿童生活方式""毛虫与蝴蝶——新教育儿童阶梯阅读"等项目。生命叙事，从此成为新教育实验一个重要的言说方式。而且这次研讨会突破了以往以总结展望作为会议主报告的模式，会议的主报告更加强调理论色彩，更加注重实验导向。此次研讨会以后，新教育实验每年定期举行学术年会，每年都会确定、围绕一个主题，组织专门研究团队，会同全国各参与实验的区域、学校及教师，在理论和实践两个层面同步推进研究工作，研究成果最终皆以年会主报告的形式进行发布，年会的承办方现场展示、叙事汇报，新教育研究院专业引领和主报告发布等基本模块成为定式。

2008年7月，新教育实验第八届研讨会在浙江温州苍南举行。这次会议在总结新教育实验构筑理想课堂"六维度"理论和实践方面的探索经验的基础上，提出了理想课堂的"三重境界"主张，以及"知识、生活与生命深刻共鸣"的核心观点。对课程与课堂的关注，使新教育实验更加深入学校和教师，也让新教育实验不断深耕一线，在教育实践中发挥更大的作用。

2009年7月，新教育实验以"书写教师的生命传奇"为主题，在江苏海门举行了第九届研讨会，依据生命叙事理论和"三专模式"，把职业认同和专业发展作为教师成长的双翼，完整地提出了新教育实验的教师成长理论，自觉地搭起教育理论与一线教师之间的"桥梁"。为中国的普通教师提供更多的学习资源与成长平台，逐步成为新教育实验的一项重要工作，也成为新教育实验的一大亮点。

2010年7月，新教育实验以"文化，为学校立魂"为主题，在河北石家庄桥西区举行了第十届研讨会。这次年会对新教育的学校文化，从使命、愿景、价值观到校风、学风、校训、学校建筑、学校仪式与庆典、学校故事等进行了比较全面的研究。研讨会的主报告为新教育学校文化建设提供了一个纲领性的文件。

2011年9月，新教育实验以"中国文化，中国思想"为主题，在内蒙古鄂尔多斯东胜区举行第十一届研讨会。会议提出了"以人弘道，活出中国文化的根本精神"的主张。为回答如何自觉地传承中华优秀传统文化，如何实现优秀传统文化进教材、进课堂、进校园等问题，新教育一直在进行积极的探索。陶西平先生再次预言：新教育实验在为中国教育探路的过程之中，必将涌现出一个最优秀的教师群体，一批最优秀的教育家。时任中国陶行知研究会会长的朱小蔓教授在会上指出，新教育实验倡导的"上天入地"的教育科研具有重要的推广价值，"新教育团队这十年来的探索是开拓性的、创造性的，他们已经贡献很多，还将会有更大的贡献"。

2012年7月，新教育实验以"缔造完美教室"为主题，在山东淄博临淄实验区举行第十二届研讨会。会议全面总结了新教育缔造完美教室行动的研究成果，指出缔造完美教室要将愿景、文化、课程等融合在一间教室里，师生汇聚在伟大事物的周围，"吻醒"故事和经典，编织诗意的生活，最终让教室里的每一个生命走向卓越。此前，2011年11月，江苏海门举行全国新教育实验海门开放周暨完美教室专题研讨会。海门8所小学、4所初中，近50个班级进行完美教室展示。朱永新教授亲临现场，两次登台讲话，他用"感动、感佩、感激"感谢海门新教育人为新教育实验做出的卓越贡献，用"课程、教室、生命"形象地阐述了教室之于师生成长的重要性，用

"良知、孩子、日子"高度概括缔造完美教室的行动策略。此后，每届新教育年会之前，江苏海门都围绕年会主题提前举办新教育开放周展示研讨活动，为年会进行预演。

2013年7月，以"研发卓越课程"为主题的新教育实验第十三届研讨会在浙江萧山举行。在这次会议上，新教育提出了课程体系框架，即在新生命教育的基础上，建构新智识教育（真）、新德育（善）、新艺术教育（美）和个性特色课程。至此，新教育实验的理论框架、十大行动项目体系和课程体系的初步架构基本形成。

2014年7月，以"新艺术教育"为主题的新教育实验第十四届研讨会在江苏省苏州市举行，会议提出了"艺术教育成人之美"的主张。新教育实验在经历了14年的发展后回到发源地——苏州。苏州年会拉开了新教育实验课程研发的帷幕。

2015年7月，以"新生命教育"为主题的新教育实验第十五届研讨会在四川成都金堂县举行，会议提出了"拓展生命的长宽高"的主张。来自全国的2000多名代表见证了新生命教育在灾区重建中的独特价值。这次会议上，我们提出了生命教育的基本理念与课程体系构架。此前，2015年3月，新教育研究院发出《关于组织2015年新生命教育叙事评选的通知》，到6月，共收到500多篇叙事，经过叙事评选和现场讲述两轮筛选，挑选了8名校长、教师在年会专业引领版块进行主题叙事。从此，每届年会专业引领版块的讲述人皆通过主题叙事征集、筛选的方式产生，呈现新教育实验区域、学校实践研究的最新成果。

2016年7月，新教育实验以"推进每月一事"为主题在山东诸城举行第十六届研讨会。会议全面总结了新教育推进每月一事行动的研究成果，提出了"习惯养成第二天性"的主张。

2017年7月，新教育实验以"家校合作共育"为主题在江苏南京市栖霞区举行第十七届研讨会。会议全面总结了新教育家校合作共育行动的研究成果，提出了"家校合作激活教育磁场"的主张。

2018年7月，新教育实验以"新科学教育"为主题在四川成都武侯实验区举行第十八届研讨会。会议全面总结了新科学教育行动的研究成果，提出了"科学之光照亮求真创新之路"的主张，指出了新科学教育以"做中学、读中悟、写中思"为实施路径。

2019年7月，以"新人文教育"为主题的全国新教育实验第十九届研讨会在江苏泰州姜堰举行。会议提出了"人文之火温暖幸福家园"的主张。

2020年前的十多年，新教育年会在每年7月的第二个双休日举办逐渐成为一种惯例。2020年，由于疫情的影响，延至10月，以"新时代，新德育"为主题的全国新教育实验第二十届研讨会终于在江苏盐城大丰区举办。全国各地500多名代表现场参会，超过120万的新教育人通过新教育App、CCtalk、爱奇艺、腾讯等直播平台观看了会议。从此以后，新教育年会开启了线下现场呈现、线上同步直播的模式。

2021年，新教育实验第二十一届研讨会由兰州市教育局承办，主题为"营造书香校园"。因疫情影响，会议延至10月举行，又因会期前一周兰州突发疫情，虽然兰州市教育局和各现场展示学校都已做好充分准备，但还是取消了现场呈现，会议所有议程均改为线上直播。全国各地40多万新教育人以集中收看或分散观看的方式参与。会议发布了主报告《阅读搭建精神的天梯》。

2022年7月，2022新教育实验研讨会在四川省旺苍县举行，主题为"新教育写作：师生共写随笔"。四川省内新教育实验代表及特邀嘉宾等500多人现场参会，其他省、市、自治区50多万新教育人线上参会。会议发布了主报告《写作创造美好生活》。三年疫情，给举办新教育年会带来巨大挑战，但新教育人智慧应对，年会会期有延迟、形式有改变、规模有变化，但新教育研究推进的节奏不乱，新教育实验发展的势头不减，新教育人以行动印证了"只有坚持才有奇迹"的信念。

2023年7月，2023新教育实验研讨会在江苏徐州召开，主题为"培养卓越口才"。全国各地1300余名新教育人现场参会，35万人次在线观看会议实况。会议发布了主报告《以口才塑造人才》。

新教育实验是一锅"石头汤"。这锅"石头汤"，20多年来由数以百万计的新教育人共同熬制。一年一度的新教育年会是全体新教育人共同的庆典，是新教育人前行途中一次又一次的再聚首、实验进程的再梳理、理论探索的再反思……新教育年会已经成为新教育实验最重要的研讨平台，成为推动新教育实验发展的机制性力量之一。

"相信种子，相信岁月。"20多年来，新教育人心心念念的是改变教师的行走方式，改变学生的生存状态，帮助师生过一种幸福完整的教育生活，为中国素质教育探路，做中国教育的建设者。这也是新教育人共同的信仰！20多年来，新教育人坚守信仰，以新教育课程、项目为主题，以新教育年会为研讨平台，持续深耕，不断地丰富着自己的学术积淀，初步建构起涵盖德、智、体、美、劳诸育的理论和课程体系，为实现五育并举、落实立德树人根本任务提供了一条可资借鉴的路径。一年又一年，23年历程，23届年会，新教育人在岁月中见证了信仰的力量。

一年一度的新教育实验研讨会，最重要的特征是学术性和引领性。每年年会的主题，都是围绕中国教育的关键问题，按照重要性和紧迫性两个维度，精心思考、反复讨论和研究后确定的。每年年会最重要的理论成果就是年度主报告。主报告的研制团队由新教育的研究机构、苏州大学的研究人员以及相关专家组成，朱永新教授亲自主持了每年年会的主报告研制工作。从主题的确定、初稿的撰写到组织团队研讨和最后定稿，每一个环节他都亲自把关。每一年的年会的主报告都有文字版和口语版，都由朱永新教授参与撰写和定稿，并亲自在年会演讲。2023年后，改由新教育研究院的领导宣读主报告口语版，同时发表作为理论研究成果的主报告文字版。

每一年研讨会的实践成果通过两条途径呈现：一是新教育研究院专业引领版块的主题叙事。在新教育年会之前，新教育研究院都向新教育各实验区域、学校发出围绕年会主题的生命叙事征集通知，从参选叙事作者中遴选年会专业引领版块讲述人，呈现新教育实验区域、学校实践研究的最新成果。二是承办方的现场展示。承办方现场展示又通过环境展示、课堂课程活动展示、生命叙事以及报刊、书籍、光盘等会务材料四种形式呈现所在区域、学校新教育实验，尤其是围绕年会主题田野探索的最新成果。可以说，新教育年会承载着展示新教育学术成果、交流新教育学术观点、探索新教育学术创新、促进新教育学术繁荣的重要责任。

20多年来，新教育人像犟龟一样坚守信仰，像花婆婆一样一路播种，如今新教育实验已是枝繁叶茂、花开满径。23年历程，23届年会，新教育学术积淀日见其增，硕果累累。为了记录新教育人筚路蓝缕的探索过程，记录新教育人关于教育诸多问题的思考与实践，也为了给更多的教育同仁走进新教育提供借鉴和参考，我们组织编写了这套"新教育年度主报告系列丛书"，作为大夏书系新教育系列的一个专题陆续推出。

期待这套丛书能够物化新教育实验学术探索成果，讲好中国教育故事，传播中国教育文化，建设现代化教育强国，促进中国教育学术繁荣，为向世界教育发展贡献中国智慧作出积极的贡献。

新教育研究院
2024 年 2 月 8 日

第一部分

新教育写作的理论与实践

＊本部分作者为朱永新教授

人类已经进入"人人都是写作者"的"全民写作时代"。写作已经不再是部分人的职业和专长，而是逐步成为每个公民适应社会变化和终身发展的核心素养。今天，每天都有数亿中国人在微信等即时通讯工具上敲击文字，在媒体上发出自己的声音，讲述个人、家庭、职场、社会、国家乃至人类的故事。写作呈现出了前所未有的私人化、平民化、普遍化、即时化、自主化、交互化等特点。

20年前，新教育在第一所实验学校启动了"师生共写随笔"和"培养卓越口才"等项目，正式开始了新教育写作的理论研究和实践探索。

20年后，在全民写作、互联网写作的时代洪流中，在国家建设高质量教育体系的背景下，我们重申写作的价值，系统总结新教育写作的理论与实践，有着特别重要的意义。

写作与新教育写作

一、什么是写作

(一) 写作的概念

"写作"是一个常常被误解的概念。

写作常常被认为是专业人士尤其是作家才能做的事情。这无疑是不全面的,因为它把丰富多元的写作主体窄化为很小的范围。其实,在某种意义上说,每一个人都是写作者。

《义务教育语文课程标准(2011年版)》认为,"写作是运用语言文字进行表达和交流的重要方式,是认识世界、认识自我、创造性表述的过程。写作能力是语文素养的综合体现"。这更多的是从语文学科教育的角度而言的。语文学科的写作是人们关注得最多的领域。当然,写作不局限于语文学科,越来越多的学科领域都在关注写作,只是不同学科视角关注的侧重点有所不同。

写作在日常生活、各行各业中的应用越来越普遍。写作大致有两种类型,一种是随意性写作,一种是相对正式的写作。前者大多是为了交流和沟通,很多是即兴的,谈不上深思熟虑。后者是人们根据特定目的,以语言文字为主要符号,通过一定的谋篇布局,反映客观事物、表达主观感情或观念、传递知识信息、创造新知、传承文化以及与他人交流沟通的高级精神活动和社会实践活动。

（二）写作的历史

写作与阅读一样，也与人类的历史文化进程同步。如果说人类的精神发展史就是人类的阅读史，那么人类的精神发展史同样也是人类的写作史。

写作的发展伴随着人类文明的发展，先后经历了口头写作、书面写作、互联网写作再到 AI 写作的不同阶段。

在文字书写符号出现以前，就已经产生了口语化的"写作"。人类早期的英雄史诗、民间故事等就是通过这样的"口语创作"和"口承文化"而记录、保存和流传下来的。这种口头创作的传统并没有因为后来的书面写作占据主流而消失，而是与文字写作并驾齐驱，相互影响，经历了同样波澜壮阔的发展历程，至今仍然在影响我们的写作与生活。新教育的"卓越口才行动"就是在这个领域独树一帜的探索，我们将在下次年会上专门与大家进行深入研讨。

写作与人类的传播史相伴随。在经历了以口语表达和交流为主要媒介的时代之后，人类进入了以文字书写、印刷文本为主导媒介的信息传播时代，文字写作与传播对人们的精神生活产生了极为深远的影响，也留下了十分丰富的写作文化遗产。人类历史上那些伟大的经典正是通过写作而流传至今。

进入信息化社会后，人类通过电信、电话、唱片、电影、广播、电视、电脑、手机等机器来传递信息。由于网络时代追求极速传播和大众接受，口语成为新媒体写作使用最频繁的语言方式，我们仿佛又在更高的阶梯上回到了口语化写作的时代，随之而来的是写作理念、模式和面貌翻天覆地的变化。互联网时代的阅读和写作能力越来越引起专家学者的关注。

在人工智能化的今天，AI 写作是继网络写作后对传统写作发起的又一波新的冲击，也是更加严峻的挑战。随着技术进步，人工智能已从运算人工智能、感知人工智能逐渐过渡到认知人工智能阶段，与此同时，计算机自然语言处理技术也与日俱进，从而为 AI 写作奠定了技术基础。AI 写作已经形成一种新的景观，从诗歌、小说到新闻、论文，AI 写作都有许多成功的范例。随着众多 AI 写作软件上线，越来越多的具有强烈写作欲望的潜在作者得以在人工智能的辅助下实现写作梦想，人类正在进入一个全民写作的新时代。当然，写作的精髓是独特的精神创造，而且每一个写作者永远是唯一的，在人工智能写作的时代，我们尤其应该记住这一点。

二、什么是新教育写作

（一）新教育写作的概念

新教育实验从一开始就非常重视写作，从不同维度、不同层面进行了艰辛而可贵的探索。新教育十大行动的"营造书香校园""师生共写随笔""培养卓越口才""建设数码社区"等都与写作密切相关，在学生写作、教师写作、学科写作、共同体写作等方面开展了全方位的大胆探索，突破了单一的学生写作或单纯以教师写作为内容的"教育写作"，开创了写作的全新生态。

什么是新教育写作？我们可以给出这样一个基本界定：新教育写作不单纯是一种写作方式，而是指向以写作为载体的生活方式、成长形态和创造方法。它努力传承写作的优秀文化传统，同时积极回应写作变革的时代召唤和国际走向，立足本土教育实践和自我发展的探索，以"过一种幸福完整的教育生活"的新教育核心主张为价值取向，以学生、教师、父母为三大主体，构建起新教育写作共同体，用语言文字和其他辅助媒介，记录精彩人生，讲述生命故事，抒发美好感情，编织幸福梦想，播撒文明种子，促进新教育共同体所有个体与群体的交流分享，彼此润泽，和谐共生，藉此探索一条推动全民写作，乃至人类文明进步的有效途径。

如果说新教育阅读是站在大师的肩膀上前行的话，那么新教育写作就是站在自己的肩膀上攀升。无论是教师、学生还是父母，为了写得精彩，就必须做得精彩、活得精彩，而精彩地写又能促使更加精彩地做。通过坚持不懈的努力，慢慢养成习惯，阅读、思考、写作便成为日常生活方式，随之终身受益。让教育中的每一个人都能成为会思考、勤表达、善沟通的人，成为更好的自己，这就是新教育写作对"过一种幸福完整的教育生活"的意义诠释。

（二）新教育写作的探索历程

新教育实验从一开始就非常重视写作，在不同时期、不同层面进行了可贵的探索。我们将新教育写作的探索历程分为以下三个阶段。

第一阶段是实践探索期。

2002年3月，新教育申报全国教育科学规划"十五"课题时，就明确把与写作密切相关的"师生共写随笔"和"培养卓越口才"作为主要实验项目之一，为此专门成立了项目研究组。同年6月，新教育的网络写作平台——教育在线网站正式开通。以教师写作为目标的"朱永新成功保险公司"正式"开张"。

教育在线网站以充满理想主义的教育情怀，点燃了许多校长和教师的教育激情，被誉为"中国教师的精神家园""中国教师成长的网络师范学院"。

在实践探索期，全国数以万计的教师关注并参与到新教育写作中来，这为新教育写作的发展奠定了基础。

第二阶段是理论建构期。

从2005年12月"北国之春——全国新教育实验与教师专业化

成长研讨会"的召开,到 2017 年 11 月《童喜喜说写手账》系列图书的出版,我们在新教育写作的理论建构方面进行了有益的探索。我们先后提出了新教育实验教师成长的"三专模式"、"晨诵·午读·暮省——新教育儿童生活方式"和"书写生命故事"等命题与主张。

在理论建构期,新教育写作最重要的代表性成果便是以"专业写作"为主要内容的"三专模式"以及以"生命叙事"理论为基础的教师成长理论。这两个理论的提出不仅为新教育写作奠定了基础,也有效指导着此后新教育写作的实践探索。

第三阶段是深入推进期。

从 2018 年 7 月的第十八届研讨会起,我们陆续将写作融入新科学教育、新人文教育,提出"以写作塑造更好的自己",并推出了"新教育儿童写作课程"。

在深入推进期,我们将新教育写作理论向各个学科辐射,在具体实践中对新教育写作理论进行检验,并形成了若干具有新教育特色的写作课程与教材,实现了理论与实践的共同深化。

2022 年,我们又以新教育写作为主题举行新教育实验第二十二届研讨会,进一步梳理总结、交流探讨。新教育 2022 年度研讨会将成为新教育写作探索进程中的一个里程碑。从 2002 年到 2022 年,20 年来,新教育写作从生发、萌芽到长叶、抽枝,迎着朝露、向着太阳蓬勃生长,新教育写作的探索之路从脚下伸向了远方……

(三)新教育写作的特点

新教育写作具有写作的一般特点,如主体性、创造性、反思性、教育性、综合性等,但同时又有其独特的品格。新教育以"过一种幸福完整的教育生活"为崇高使命,就决定了新教育写作着力体现一种幸福品质追求的完整性,即通过完整的、全面的写作,刻画精彩、幸福、完整的人生。在这一视域和语境下的新教育写作具有如下鲜明的特点：

第一，就写作源泉而言，新教育写作是"全景观写作"。

离开了日常的教育生活，新教育写作便没有了源头活水。"全景观写作"是指通过日常化、多样化、长期化的写作全面生动地反映教育生活。新教育写作强调日常性、生活性、精神性，要求忠实于自己的生活与心灵，不夸张、不虚假，注重生命体验。新教育写作提倡每日记录教育生活、学习生活中的点点滴滴，在文字的世界里得以"再活一次"。真正的教育生活既富有诗意又充满挑战，彰显人的意义和价值。正如张菊荣所说：这种写作在形式上是低端的，是人人可以为之的；而在精神上则是高贵的。新教育倡导无门槛写作，重要的是日不间断地做起来，让写作成为一种生活，让思考成为一种状态。新教育写作强调的是其精神价值和生命状态，"全景观写作"正是强调了新教育写作的生活性、坚持性与精神性。

第二，就写作主体而言，新教育写作是"全民化写作"。

新教育写作倡导"人人参与，个个都是写作者"，以学生、教师、父母为三大主体，构建新教育写作共同体，为写作走向全民化创造条件，奠定基础。在全民化写作中，新教育凸显写作者崇高的主体角色和地位，发挥写作者的主体作用，鼓励写作共同体的每个成员用文字见证幸福完整的教育生活。全民化写作在凸显写作者个体的主体性的同时，还倡导主体多元、互动交流，主张师生、亲子、生生、家校之间的共同写作，通过书信、便签、接龙、班报等交流教育生活、工作情况与生命感受，共同编织有温度、有深度的学校教育和家庭教育，通过教育写作成为更好的自己。新教育特别倡导共同体写作，认为共同体写作的价值在于相互交流、相互鼓励，在于相互取暖、相互唤醒、相互激励，在新教育写作中呈现出充满活力的精神文化场。正如从书香校园走向书香社会一样，今后，新教育写作会逐步推广到教育领域之外，如机关、企事业单位等，走向全民写作。

第三，就写作心理而言，新教育写作是"全心性写作"。

写作过程中存在大量的心理活动，这是毋庸置疑的。新教育写作认为写作过程中的心理活动是复杂多元的，包括无意识冲动、兴趣、情感、直觉、感知、记忆、想象、思维、言语等，它们活跃在写作的全过程中。其中，新教育格外强调情感与思维，重视写作的情感性与反思性，如果说情感是文章的血肉，那么思考则是写作的灵魂。正如没有情感的文章就没有生命一样，没有思考的写作也是苍白的写作，写作是最好的思维体操之一。新教育写作强调生命叙事，但是不满足于就事论事式地记录和罗列，而是通过充满感情、夹叙夹议的方式，讲述生命成长循环往复、螺旋攀登的曲折历程。新教育写作倡导审辩性思维，强调在写作过程中不断地追问自己的教育和成长，自我审视、自我批判，不惧自己的成长困境。新教育强调写作与思考的深度结合。深刻的反思并不否定表达的丰富与感性，更不意味着文字的干瘪无趣。新教育认为真正的教育生活是一种深刻的生命体验，写作就要深情地描述这些体验，让写作所呈现的文字富有一种真诚自然的美感。

第四，就写作领域而言，新教育写作是"全学科写作"。

以前，写作似乎一直是语文学科的事，如今人们越来越深刻地意识到，它已经远远超出语文学科了。"以写促学"已经成为所有学科学习的一个重要路径。美国教育心理学家建议，应该使写作成为所有课程学习内容的一部分，尤其在中学阶段，每门课程的老师都应该要求学生为所教的课程写作。新教育的学科写作主张，结合学科知识的学习，通过学科主导写作、学科内跨界写作（如听说绘写项目）、学科间主题（或项目）综合写作等形式，训练学生的语言能力、观察能力、思维能力、想象能力，指导学生自觉运用丰富多彩的语言文字，如日志、自传、小说、评论、脚本、新闻、信件、备忘录、调查报告、学科论文等，自由表达在学习各学科知识过程中的见闻与心得，实现各科读写能力的全面提升。

第五，就写作形式而言，新教育写作是"全体式写作"。

古人讲的"体式"，指的是文章的体裁格式，由于文章体式各不相同，语言的修辞表达形式也很不一样，所以体式实际上不局限于文体、文类，还包括与之相关的章句、辞采等修辞技巧，是写作的形式范畴。新教育写作在高度重视写作内容（客观现实、主观情思等）的同时，也十分重视写作文体、文类、修辞等形式，尤其重视写作形式的多样化，主张通过撰写教育日记、课堂实录、教育故事、教育案例分析、教育论文、教育报告、教育论著、教育书信、学习心得甚至便签、备忘录，也可以通过小说、诗歌、童话等创作，记录和反思日常生活、精神生活，分析和回顾教育与学习状况，这正是新教育积极倡导和构建的写作风貌。多年来，新教育写作在这些方面可以说硕果累累。

第六，就写作手段而言，新教育写作是"全媒体写作"。

新教育写作从传统媒体和新媒体融合互通的意义上来理解"全媒体"，认为全媒体写作就是全面采用口语、文字、音像、动画、网络、手机等新老媒体手段来进行的写作。新教育写作一方面不断完善传统媒体写作，另一方面又在一开始就十分重视网络写作。"教育在线"的博客写作曾催生了漫卷全国的教育阅读潮和写作潮。它使网络写作成为一种读者（主要是教师和家长）参与的积极生产行为，在积极培养读者的阅读习惯和写作兴趣的同时，也激发他们的写作冲动，完成阅读与写作的良性循环，可以说是借助网络推动全民写作的一次大型演练。

新教育写作的意义与价值

写作,是人的本质属性之一。"人之所以为人者,言也。"

写作,是传统教育读写算的三大支柱之一。

写作,更是21世纪最重要的生存技能。美国学校管理者协会就"什么是21世纪最重要的生存技能"这个问题,请教了来自教育界、企业界、政府部门、社会学等领域的55位杰出专家。专家们列举了"全面阅读和理解技能""应用计算机及其他技术的技能""掌握一门以上外语的技能"等22条重要的技能,"写作能力"名列榜首。

为什么在科学技术日新月异的今天,人们重新发现了写作的价值?写作究竟对于我们的个人成长和社会发展具有怎样的意义?

一、写作让个体成为更好的自己

写作对于个人的成长具有十分重要的意义。写作是真正的思考,是个体终身学习的有效方式,是全球化时代个体生存和发展的重要技能,也是个体在世俗生活中能够守望精神世界的便捷路径。

(一)真正的学习思考离不开写作

培根说:写作使人精确。人的真正的思考,是从写作开始的。华东师范大学学报有一篇对哈佛大学教育研究生院萨摩斯教授的专访,题目为"写作何以成为哈佛大学唯一一门必修课程?"萨摩斯在其中谈到，写作是一种用文字和隐喻标记世界的方式，是一个引领学生批判地、深度地阅读和有效地、清晰地书写的过程，是一个让学生发现自己真正关心所在和写出自己所思所想的路径。"你不会真正地知道你在想什么问题，除非你把它写出来。"写作是一种清晰、简练、高效的记录方式、表达方式和传播方式。写作与每个人息息相关，应当成为所有人的一种习惯。

学而不思则罔，思而不学则殆。通过写作训练思维，是有效学习的前提。正因为如此，美国加州大学伯克利分校提出了"以写促学"（writing to learn）的口号。"写得更好"（write well）也成为美国基础教育的目标。因为"写得更好"是为了"学得更好"。"写"然后知不足。通过写作学习到的知识，比机械记忆的知识，理解更深刻，记忆更牢固，效果更理想。写作是终身学习时代"抓铁留痕"的有效学习方式，这已经是普遍共识。

（二）职业生涯的发展离不开写作

美国学者研究发现，获得诺贝尔奖的科学家和美国国家科学院的院士与一般科学家之间的差别，主要不是表现在智商、学历、性别上，甚至也不是表现在科学素养、行动力或专注力方面，而是表现在写作上。而获得诺贝尔奖的科学家的写作能力比非诺奖的科学家要强二十倍以上。

其实，不仅高层次人才需要写作能力，即使一般员工，写作也是职场竞争力最重要的方面。被誉为硅谷的天使、投资界的思想家的彼得·蒂尔（Peter Thiel）说："在硅谷让我感到非常有价值的一个方面，就是写作。不管是做科学的，做技术的，做创新的，如果你能写好一篇好文章的话，其实你都不需要成为一个作家，或者说一个小说家，基本上比普通人好一点点的话，那你就是很好的亮点了，这在硅谷是很好的一块敲门砖。"

互联网革命以来，许多自媒体人通过写作，实现了职场和人生的弯道超车，成为这个时代最大的"红利"收获者。有人说，"写作是最好的自我投资"。不会写作的人甚至可能都没有意识到自己错过了多少成就自我的机会。在经济全球化时代，在中国走向世界、参与国际交往和竞争的今天，具备写作能力的人将是人才市场最抢手的"紧缺资源"。

（三）幸福完整的生活离不开写作

我国古人精辟地总结和概括出"三不朽"的人生理想，即"立德""立功"和"立言"。用今天的话来说，就是做人、做事、做文章，要做出品位，做出境界，为自己树立标杆，也为别人或后人树立表率。从此，立德树人，立业建功，立言传道，也就成为人们成就自我、泽被世人的人生信条！

我们今天讨论的"写作"，说到底，就是古人所说的"立言"。新教育以写作为行动的一大主题，就是要自觉传承"立言不朽"的中国文化传统，同时在现在与未来的全新语境中返本开新，赋予它新的内涵与价值。

写作让个体从嚣杂的外部世界回到安静而丰富的精神世界，让个体面对自己的灵魂、拥抱自己的灵魂。写作帮助一个人成为真正的完整的人。写作唤醒了人的精神自我，滋养了人的精神发育。一个习惯写作的人，他的精神世界和一个不写作的人相比，是有本质区别的。

写作的人是文字的魔术师。无论是英文的 26 个字母，还是中文的几千个方块字，它们的组合变化抵得上任何奇妙的化学反应。通过各种搭配，这些文字可以创造出世界上最神奇的东西。

写作的人是伟大的观察家。他不仅需要一颗纯洁的心灵，更需要一双善于发现的眼睛。写作的人能够看到别人无法看到的世界，发现别人无法发现的风景。

写作的人是历史的创造者。写作不仅记录着我们所处的时代，也记录着我们自己的生活，书写着我们每个人自己的生命传奇。

写作的人是幸福的。人生不如意十之八九。周国平说，写作是在苦难中自救的一种方式，通过写作，我们可以把自己与苦难拉开一个距离，以这种方式超越苦难。人本主义心理学大师卡尔·罗杰斯在《论人的成长》中肯定了写作在人的精神疗愈过程中的重要性，他认为写作是一种指向外在的活动，对于内向型人格的人来说，可以起到帮助作用，帮助他们获得心理的平衡，从而在沟通和表达方面得到某种意义。写作展现着个体的精神生活，创造着我们的美好生活，具有自我辩驳、自我教育、自我塑造、自我拯救的价值，赋予错综复杂的生命以自我超越的深层次意义。写作意味着思想和灵魂的绽放，意味着自我实现与自我超越，意味着幸福完整的美好生活。

二、写作让社会发展更加和谐

写作可以是纯个人的私事，但如果写作进入交流，那就不单纯是个体行为了，也是社会行为，它源于社会生活，又反作用于社会生活，具有强大的社会功能。孔子说："诗可以兴，可以观，可以群，可以怨。"这就是强调文学艺术启发联想、考察得失、聚合同道、讽刺时弊的社会作用。每个人的写作都能从心灵深处鼓舞身边的人，由此推动人类命运共同体向善、向真、向美。

（一）写作是家庭幸福的纽带

家庭是社会的细胞。松居直先生在《幸福的种子——亲子共读图画书》中说："亲子之间交换的丰富语言，是一个家庭最大的财富。"良好的家庭教育、家风建设对于个体的健康成长、社会和谐、民族进步、国家发展具有奠基性的作用，它不仅得益于"诗书传家"的家庭阅读或亲子阅读，而且也得益于家庭成员之间"交换的丰富语言"，也即家庭写作。

家庭日记可以唤醒自我意识。日记是一种私人化写作，是自己与自己的心灵晤谈，它常常诞生于家庭的个人空间里。鼓励成长中的儿童在家中多写日记，记录自己的心理与行为，反观自我的心路历程和成长印记，可以有效提高个人"自我感"，促进心理的内省自觉。

家庭书信可以促进亲情交流。"家书抵万金"，家庭书信是一种历史悠久的家庭写作形式，是亲人信息交流、心灵沟通的纽带，也是家庭教育和家风传承的重要手段。今天，当我们读到《颜氏家训》《曾国藩家书》以及革命先烈的红色家书时，仍然会心生感动。这些传统家书为如今通过家书促进亲情交往和家风建设提供了想象、思维和表达的启迪。

当下，传统家书离我们渐行渐远，甚至面临失传的危险。新教育认为，应当全力保护这一文化传统，恢复其独特的文化濡染作用，使我们紧张、浮躁的心灵得以舒缓、平复和宁静，在这种更雅致也更个性化的亲情对话中，聆听对方的心灵律动，走进彼此的精神世界，架设真情沟通的桥梁。

（二）写作是现代社会人际交流的桥梁

写作最大的魅力，就在于将个人的所闻、所见、所悟，以文字的形式记录、表现，在人群中产生共鸣。文字是一个人智慧的结晶、思考的果实，可以传递给不同的读者，那些深邃的文字还能够穿越时空。这些珍贵的精神财富，可以在不断传播中把世界变得美好。

现代世界的人际关系充满了矛盾。一方面日益社会化、全球化，人际交流更加普遍全面，另一方面却又日益原子化、碎片化，人际交流面临种种难题。在这样的语境里,充满温情、仁爱、包容精神的写作与传播就成为化解人际困境的良药。而在信息化社会和互联网时代,写作共同体的交互性写作就这样应运而生,它已经成为现代社会人际交流的重要方式。

人类进入21世纪之后,自媒体的传播方式催生了"全民写作"时代的到来。它使原来垄断话语权的精英写作转变为普及的、草根的大众写作,以现代化传媒为手段,展现了前所未有的私人化、平民化、普遍化、自主化风貌。即使是精英写作,也常常以大众写作的姿态加入这个行列。网络的实时更新和交互性,极大地调动了创作者和阅读者的热情与积极性,形成了"全民写作"和"全民阅读"相互依存、共生共荣的现象,全民写作正在改变写作的概念,改变我们的生活方式。一方面,随着人们的不断自我完善,它正在从某个层面上引领着一个"艺术化生存"或"审美化生存"时代的悄然来临;另一方面,随着表达的即时化与便捷化,也产生了"网络暴力"等新的问题,写作伦理问题也凸显出来。

(三)写作是社会和谐与国家稳定的利器

"鼓天下之动者存乎辞。"人类社会生活的实践与变革都与写作休戚相关,社会愈发展,写作的变革作用就愈突出。

"铁肩担道义,妙手著文章。"在社会生活中,写作的最大魅力,就在于作品能在传播中传递鼓舞人心的力量,产生社会共鸣与响应,通过写作,弘扬正气,抵拒邪恶,礼赞光明,扫除阴暗,由此推动社会不断走向文明、和谐、公平、正义、美好。

古人曾经论述过写作乃"经国之大业,不朽之盛事"。从古至今,写作一直深度参与着社会各部门的组织管理。离开了写作,社会很难实现有效的组织与管理。

在今天,不论采用何种体式,也不论形制大小、长短,文章只要唱出时代之音,强化文化认同,提振民族精神,有益经世治国,写出个人风采、家国风度、时代风气,都可以助力经国大业,汇入民族复兴的交响。

(四)写作是人类文明传承和人类命运共同体构建的基石

《辞海》解释称:文字是"扩大语言在时间和空间上的交际功用的文化工具,对人类文明的促进起很大的作用"。如果说文字是人类文明的基石,那么写作者就是人类文明的播种者。正是经过写作者的文字写作,才产生了无数记载和传递人类文明的瑰丽文章。从这个意义上可以说,人类文明的发展史就是写作的发展史。但写作不是简单地记载和传递文明,它也参与了人类文明的非凡创造。

人类发展进程中每一阶段的伟大写作,都是从人类文明的巨量遗存中发掘、提炼出最光彩耀人的精髓,用充满诗意、史韵和哲理的语言创造性地表现出来,绘就绚丽多姿的人类文明图景,唱响情思激越的人类文明之歌。可以说,写作以语言文字独特的魅力参与创造了人类文明,而且极大地增强了人类文明的力量。

习近平总书记指出:"人类生活在同一个地球村里,生活在历史和现实交汇的同一个时空里,越来越成为你中有我、我中有你的命运共同体。"如今,人类文明已经进入了全新的时期。尽管在我们前行的道路上还存在太多的不确定性,还横亘着太多难以突围的藩篱和难以跨越的沟壑,但我们仍有理由坚信,人类文明发展壮大的进程不可阻挡,人类共同建造通往理想"通天塔"的希望不会破灭。

在这个进程中,我们仍然相信语言的力量,文字的力量,写作的力量。人类将继续以语言文字本身的独特魅力,并利用全球化、互联网给我们带来的红利,参与到新的人类价值体系的建设中来,共同谱写多样统一的人类文明华章,大家"拥抱在用言语所能照明的世界里",让文字的光亮烛照文明的未来,让人类享有它浸润的

"爱的自由和美丽"。

三、写作让教育生活更加精彩

我们经常说，没有阅读就没有教育。同样，我们也可以说，没有写作就没有教育。

美国国家写作委员会在2003年4月向国会递交了一份报告书《被忽略的R——我们需要写作革命》。报告书指出，在教育改革的过程中，决策者与教育界人士都忽略了一个让上学很有趣、学习很有效、学生都能有自信又能主动学习的重要因素，那就是写作。如果学生能自我学习、自我发展知识，就必须有能力将一堆琐碎的数据消化重组，并透过语言的表达来跟别人沟通。简而言之，学生要能学习，必须学会写作。写作有助于构筑良好的教育生态，提升教育的品质，写作者在写作的同时，也在书写自己的生命传奇。

（一）写作构筑良好教育生态

当前，家庭内部、学校内部以及家校之间都不同程度上存在着共同语言、共同价值的危机。分数成为师生之间、父母和教师之间、校长和教职员工之间、学校和社会之间的共同语言，所有的人成为分数这间房屋里的陌生人。我们认为，只有在共读共写共同生活中丰富知识、发展思维、促进精神成长，才能形成共同的语言、密码以及共同的价值观，才能构筑良好的教育生态，实现立德树人的根本目标，让所有的人一起过上幸福完整的教育生活。

以新教育家校共写为例。家校共写主要指教师、学生、父母之间通过书信、便签等，彼此理解、加深认同、相互合作，共同致力于创造幸福完整的教育生活。在家校共写中，父母对教师、学校提出的合理要求，一方面可以让学校和教师重视乃至改进，另一方面可以成为优化教师教育理念、提升学校教育质量的动力，帮助修正学校教育的不足。而教师对父母的建议与指导，也能够让父母少走弯路。父母、孩子与教师在一个共同体中，共同面对问题、分析问题、解决问题，实现共同成长。

新教育倡导全民化写作，让学校在处处弥漫书香的同时又处处涌现爱写会写、各擅其妙的写作者，让学校的各个领域，包括教育教学领域、班级建设领域、学校管理领域、家校社区沟通协同领域等绽放璀璨夺目的生命光彩。新教育写作是新教育人记录生活、呈现生命的方式。新教育写作让我们与自己经历的活生生的"生活文本"进行对话，增进我们对生活的理解，并且使我们对生活的理解与认识变得丰富多样，成为我们改变单调平庸的日常生活的重要路径。写作成为生活中的一部分，意味着我们会保持一份敏感，随时留心、充分关注生命中的故事及其细节，意味着对自身生活的不断探问、反思和意义观照成了我们生活的常态，意味着写作成了我们改变职业行走方式的契机。

（二）写作提升教育的品质

写作是一种思想劳动。因为人是精神性的存在，具有超越性和不断提升性。写作的关键，在于提升写作者的思想认识水平。思想认识水平是在阅读、写作和生活中体认和锻造的。写作的过程是价值经历和体验的过程，要进行价值澄清和选择，锤炼自己的理想、思想、情感和文字，所以写作的过程也是提升教育品质的过程。

写作本身就是一种有效的学习模式。写作可以作为学习的工具，也可以作为对学习的检测。"学习金字塔"理论表明：最好的学习方式就是"向别人讲授"或者"对所学内容立即运用"，而写作既是用文字"向别人讲授"，也是"对所学内容立即运用"。

新教育的学科写作则激活了课堂教学知识，使学科思维可见化，提高了个体分析和应用学科知识的能力，促进了对阶段性学科学习成果的巩固发展。通过不同情景下的各学科写作，可以帮助学习者主动理解、吸收、加工和运用学科知识，进而建构自己的知识体系，实现"以写促学"的目的。人们已经通过大量的实验或实践探索发现，写作本身就是一种促进学习的有力工具。例如，朗格就指出："学习一个学科的内容不仅可以通过阅读，也可以通过该学科特有的方法写与该学科相关的内容。与阅读一样，写作也是一种学习学科知识的语言手段。"格林汉姆和佩林的元认知分析也表明，"学生用新的概念和观念进行写作时，他们会学得更好。因此，写作实际上已成为一种认知上的、有效的理解策略（格思里和阿尔维曼，1987），可用于激发学生认知，巩固新的学习，延展他们已学内容（朗格和艾坡毕，1987）"。有专家对学科写作在提升学生阅读习惯与技能、学习态度、作文能力方面进行了为期三年的跟踪研究，结果显示：对照班的变化不大，而实验班整体提升了33%，其中在阅读习惯与技能方面提高了8%、在学习态度方面提高了11%、在记笔记和写作文方面提高了14%。可见，学科写作在提升阅读习惯与技能、学习态度和作文能力方面都有着显著的作用。

（三）写作书写教师的生命传奇

对于一个教师而言，他的写作史，在某种意义上讲就是他的教育史。美国心理学家波斯纳（Posner）对教师成长的影响因素进行研究后，提出了教师的成长公式：成长 = 经验 + 反思。写作有助于教师在日常教育生活实践中以一种自觉的、超越的、批判的方式，以敏锐的洞察力和高度的思辨力对教育生活和教育经验进行再叙述，从而改进自己的教育行为，提高教育的效率和品质。

加拿大学者马克斯·范梅南在《生活体验研究——人文科学视野中的教育学》中写道："写作，其实就是对教育现象的一种解释，当这种解释上升到反思阶段，形成具有一般性指导作用的价值取向并指导教师的行动时，就变成了实践性知识。"范梅南提倡通过真实的叙事来研究教育，叙事者既是故事的记录人，也是故事的主人公，还是对这个故事进行反思的研究者。在这方面，儿童教育家李吉林老师堪称模范。她一生没有离开教育教学一线，却创立了情境教学、情境教育理论与学派，40年间发表文章350余篇，出版专著和相关书籍28部。李老师从一个"让学生瞧得起的老师"最终定格为一个"让历史铭记的老师"，与她经年累月的反思写作有很大的关系。管建刚老师每天下班后用半小时记录一天的生活，寒暑假则用来整理书稿，20年的时间居然写了20多本书，并由此从农村中心小学的普通教师成长为国家"万人计划"特殊支持领军人才。他深有体会地说："教育写作成就教师不是神话、不是承诺，而是一定会成为现实的精彩！"

　　写作不仅是语文老师的事情。常州星河实验小学的庄惠芬校长就是通过写作成长起来的。她多年坚持写作，连续20年参加江苏省"教海探航"征文比赛，先后获得一次特等奖、七次一等奖、两次二等奖和四次三等奖，先后被评为江苏省特级教师、江苏省人民教育家工程首批培养对象，并出版《站起来的儿童数学》等专著3部。最近她领衔编写了新教育的数学读本《数学欢乐谷》。

　　总之，新教育写作改变了教师的行走方式。当写作成为教师生活中的一部分，意味着他们会保持一份敏感，随时留心、充分关注生命中的故事及其细节，意味着对自身生活的不断探问、反思和意义观照成了生活的常态。一些教师通过新教育写作成为儿童文学作家或者儿童研究专家，成为新教育的一道美丽风景。

新教育写作的实践探索

巴金先生说:"只有写,才会写。"新教育写作的内容与方法也只有在新教育写作的行动中丰富和完善。

一、学生写作:用文字搭建成长的阶梯

一直以来,作文是很多学生最怕写、写不好甚至写不出来的"作业"。"一怕文言文,二怕写作文,三怕周树人"调侃下的学生写作,装载着满腹的辛酸和满腔的无奈。同时,学生习作普遍存在的"假大空"、模式化表达、思想苍白等问题,与习作课程定位不准、目标模糊、揠苗助长、急功近利的诸多做法有很大关系。当前学生写作的种种流弊,让我们急切呼唤一场深层次的变革,实现作文与做人的有机结合。

新教育学生写作以学生为写作主体,是学生运用语言文字进行表述和交流的重要方式,是学生认识世界、认识自我、创造性表述的过程。在此过程中,它已经不单纯是一种写作方式,更指向以写作为载体的生活方式、成长形态和创造方法。

(一)习作课程

习作课程属于最值得我们深耕细作的国家课程。习作课程的实施,需要紧扣新课程标准,通过由易到难、由粗到细、由浅入深的

方式，引领学生渐入佳境，甚至写作成瘾。结合古今写作思想与实践的成果，我们认为，新教育在实施中小学习作课程中应遵循以下四条原则：

一是先说后写，说写相长。儿童对语言的驯服，并不会一蹴而就，需要经历从口语到书面语的定型、整理、丰富、深化过程。我们之所以把"培养卓越口才"列为新教育十大行动之一，就是要以造句、属对、对话、讲故事、演讲、辩论等形式，让孩子愿说、敢说、会说，养成终身受益的自信心，在说写良性互动中，提高口语表达能力和写作能力。

二是先放后收，收放自如。写作是人感知、探索、表达世界的独特方式，必然要经历从感性积累到理性梳理的过程，是一个从浪漫到精确的阶梯。"先放"是对儿童天性的解放，"后收"是对科学、艺术的理性回归。"先放后收"体现了从量变到质变的哲学意蕴。学生习作应当遵循"先放后收，以放为主，放中渐收"的客观规律，走出纯技术、套路化的写作误区，追求收放自如的更高境界。

三是先实后虚，虚实相间。习作离不开生活，要让学生基于对客观事物的细致观察、对现实世界人文关怀的基础，丰富情感体验，涵养写作灵气。具体操作中，可先进行实用文训练，写好"工作与生活中使用的文章"，再进行文学训练；先描摹客观现实，描绘、建构一个可见可触的外部"世界"，然后通过插叙回忆、联想想象、心理活动、比喻拟人等，用不在眼前的事物，创造出想象的世界。

四是先俗后雅，雅俗共赏。儿童学习语言是从模仿身边人的口语、方言开始的，他们对日常叙事、谣谚俚语有天然的亲近感。从俗语化写作起步，提倡"我手写我口""我手写我心"，可以避免写作中的畏难心理。当然，随着学生语感的提升，可以相机进行词语生动、句式灵活、善用修辞、富有意蕴方面的训练，赋予文章雅致含蓄、清丽脱俗的品质，最终达到俗中含雅、雅中有俗、雅俗共赏的境界。

（二）日记课程

日记写作是引领儿童开启写作之门的一把钥匙。一直以来，新教育特别提倡师生以写"暮省日记"的方式，抚慰心灵，激励自己，编织有意义的生活。新教育日记课程在"五有"上下功夫，以提高儿童日记的质量。

第一，时间有保障。中小学实行延时服务后，更有利于每天拿出整块时间用于暮省。

第二，素材有积累。新教育倡导"聆听窗外的声音"，目的在于倡导学校把校园向四面八方打开，让学生拥抱丰富多彩的自然和社会生活，为包括日记在内的儿童写作储存鲜活的生活画面。

第三，样式有扩展。日记的内容可以是生活日记、学科日记、项目日记、观察日记；日记的类型可以是绘画日记、口述日记、文字日记、视频日记等。

第四，方法有指导。方法指导的重点不在于谋篇布局的技巧，而在于指导学生选择独特的角度，细致观察周围的事物，发现日常生活中有意思、有意义的一面。在此基础上，让学生在写作之前讨论交流写什么、怎样写、用什么方式方法写。

第五，作品有展评。在尊重学生隐私的前提下，利用各种机会，开展日记赏评，展示学生的日记，让学生感受到来自教师和同伴的激励，体会写日记的轻松与快乐。

（三）听读绘说课程

2006年，新教育启动了"读写绘"项目，后来经过改良又升级为"听读绘说"项目，形成了面向低龄段儿童的德智兼育、寓教于乐的儿童写作启蒙课程。"听读绘说"去掉了原来的"写"，强调了符合儿童年龄的"听""绘"与"说",更加吻合儿童身心成长的节律。

"听",是孩子专注倾听父母或老师讲述图画书等故事,理解并回答相关问题,旨在提升专注力和理解力;"读",是孩子独立阅读,独自深入故事情境,旨在提升观察力和阅读力;"绘",是孩子把听过的故事涂鸦出来,旨在提升思考力和想象力;"说",是孩子以涂鸦的作品为提纲,进行丰富而完整的口头表达,旨在提升表达力和创造力。父母和老师可以把孩子说的内容记录下来,形成文字。

有研究表明,"听读绘说"项目不仅是低龄段儿童读写素养提升的重要载体,对其他学龄段读写能力较差的学生也有显著的"疗愈作用"。

(四)说写课程

新教育义工、作家童喜喜带领新教育一线团队探索开发了新教育儿童写作课程。说写,是以书面语言进行有逻辑体系的口头表达,介乎说与写之间,它的形式是说话,本质是写作。说写的方法首先是提出有逻辑、成体系的问题,然后根据这些问题进行思考,写出每个问题的关键词或者绘出自己思考的思维导图,最后以此为基础用书面语言说出自己思考的内容。

说写课程对儿童读写素养发展有四个方面的显著作用。

一是以说促想。说写课程特别强调让儿童在轻松的氛围里先想后说,边说边想,敢想敢说,然后进阶到会想会说。

二是以说练听。说写课程因为规范了"说",强调说书面语言,因此表达相对更完整、简洁、有效。训练了说写,就降低了听的难度,同时因为增加了对儿童的倾听训练,促进了儿童相互了解。

三是以说带读。最简单的以说带读,莫过于讲故事。无论是阅读前的激发兴趣、阅读中的深入思考、阅读后的及时评价,还是孩子彼此推荐图书,都可以用以说带读的方式深化。儿童在阅读中所读到的规范的书面语言,是最好的写作表达。

四是以说助写。说写,归根结底要落实到写。写作的关键就是多读多练。说写课程强调以书面语言进行口头表达,以达到强化练习写作的效果。

近年来,说写课程先后在许多学校落地开花,成绩非凡。海南有一位叫库亚鸽的初中语文老师,刚接手初一一个班时,全班54名学生中有27人语文不及格、十几人作文交了白卷。库亚鸽老师带着这群孩子实施说写课程,仅用一学期的时间,全班语文平均分就达到92.31分,每一个学生都在写作上如有神助,还有很多学生觉得试卷作文格子不够用!

(五)学科写作课程

新教育学科写作是指围绕着学科学习生活而进行的形式多样的写作,它从生活实际出发,立足学科知识背景,结合即时、共在、多样的教育生活形态,多角度、多侧面、多维度、多形式地记录学科学习中的心得、感悟、体验、收获和见闻,实现"以学促写"和"以写促学"的双重目标。

学科写作具有三个显著特点:

第一,题材多元。学科写作可写的内容非常多,可以记录一次有趣的小组合作,可以记录印象深刻的解题过程,可以记录收获颇深的阅读感悟……所有学科的学习和学习生活都为写作提供了多方面、多方位的素材,能够解决多年来难以解决的"写什么"的问题。

第二,形式多样。可以是摘要式,记录学习过程,总结学习收获,整理知识要点;可以是图表式,梳理学习所得,建构知识框架;可以是叙述式,记录课堂生活情境以及和课堂相关的生活及学习背景内容；可以是说明式，解说事物，阐明事理，揭示本质和规律；可以是童话式，让各知识点用第一人称的方式介绍自己；可以是联想式，让课堂学习联系现实生活，让书本知识变成学生自己的知识，把知识灵活运用于实际生活，解决实际问题。

第三，内容多变。学科写作的内容，可以是课堂实录型，通过拍摄课堂画面，再现课堂情境，回顾教学流程，或者回顾学习过程；可以是内容整合型，由教师给出一个主题，让学生完成跨学科的整合写作；可以是学科主导型，如音乐学科写作、美术学科写作、体育学科写作、数学学科写作、科学学科写作等；可以是项目研究型，让学生在项目研究的过程中，以写作的方式及时梳理总结、积累资料、思考反馈、物化成果、巩固学习，为研究寻找更多外援、宣传项目成果等。

学科写作课程的实施没有一个"快速解决方案"，它不仅需要学科师生之间持续对话、研讨与合作，也需要行政的力量在考核评价等方面加持。《义务教育课程方案（2022年版）》，明确提出了"各门课程用不少于10%的课时设计跨学科主题学习"。对如何开展跨学科主题学习，一线教师普遍感到迷茫。我们认为，跨学科写作完全可以成为跨学科学习的重要路径。

近年来，不少新教育实验学校，深度研发学科写作课程，为新教育学生写作趟出了一条新路。河南开封的贞元学校自2019年创校以来，持续开展学科写作，取得了十分明显的成效。比如他们把历史学科学习分成提取核心问题、辩论建构认知、写作表达思考三步。其中七年级上学期历史就安排了9次写作，刚开始学生人均只能写出1500字的思考材料，经过一年多的训练，人均字数达到2500字，写3000字以上的"论文"对于许多同学来说已是常态。因为学科写作训练经常化，这所学校学生的写作水平与同龄人相比，明显高出了很多。还有一位石星星老师，为我们展示了他们在学科写作方面探索的冰山一角。

在语文学科写作方面，青少年文学兴趣的培养与素养的形成，校园文学社团的作用不容忽视，中外很多文学巨匠的创作之路都是从校园文学社起步的。面对当下校园文学社日渐式微的实际，学校应发挥主导作用，通过常态化开展文学讲座、征文评比、写作经验分享等活动，编辑出版文学社团期刊，为有文学梦想的学生营造诗意栖居的空间。

（六）学生写作评价的科学化探索

新教育研究团队也在以"学生写作"为对象的两种科学评价方法上进行了有益的探索。

一是真实性写作评价。我们借鉴美国的真实性写作评价，采用评价量规为评价工具，目的是在实际情境中促进学生认知能力的发展、审辩性思维的培养，并通过多种途径展示学习成果，获得学生发展的最直接证据。写作评价量规的最佳操作方式是由教师根据教学目标与内容初步设定，告知学生，再结合学生意见对量规进行修订，最终确定一个教学阶段的评价量规。在写作教学中，教师依据评价量规对学生写作作品打分或评定等级，及时给学生反馈并进行写作指导。因写作本身的复杂性，写作内容、文体、类型的多样性，写作评价量规也多种多样。新评价与考试研究中心依据课程标准的要求，参考国内外知名评价量规，先期研发了"通用"写作评价量规，供教师们参考使用。该通用写作评价量规从主题、情感、结构、表达、语法规范、书写与字数六个方面设定评价标准，每个方面下设多个评分点及等级分值。

二是三维解析的写作评价。三维解析的写作评价以认知诊断理论为理论根基，将测评方法与认知心理学相结合，从写作作品的行为表象中探寻学生写作时的思考过程，并将其数据化地呈现出来。

该方法依据课程标准中核心素养、课程内容与目标、学业质量等要求，参考多元智能、教育目标分类学等理论，形成评价框架与指标体系。基于三维解析框架对写作评价量规的内容进行指标解析，以得到多元化数据，运用认知诊断统计模型进行分析与处理，形成多层级诊断报告，为学生个人发展与提升、教师教学能力与素养提高、学校与区域教研教管提供直接指导及参考依据，就可以发挥其甄别、诊断、改进、导向的功能。例如，根据学生相近两次写作评价结果形成发展性评价报告，通过"写作能力、写作技能、写作内容"三个维度13个指标，呈现学生写作的整体情况和各指标表现及其增值情况，可以看出学生在一个学习阶段内的努力程度及需要调整的方向，帮助学生进行阶段性总结，设定下个阶段写作目标，同时帮助教师、家长把握学生情况。

二、教师写作：书写自己的教育史

教师写作一般也称"教育写作"，我们之所以不用这个概念，是因为它指称的写作主体不太明晰，容易引起误解。新教育教师写作是教师的专业写作。不过，教师专业写作不是要让教师成为专业作家，而是结合教育这个"专业"，以学科知识、教学实践为原料来写作，以此推动教师的专业成长。

根据李镇西博士的总结，新教育教师写作的类型，大致可以分为教育备忘、教育杂感、教育故事、教育案例、教学实录、教育论文、教育书信、教育文学等八种类型。新教育教师写作需要把握以下原则。

（一）强调理解与反思

教师写作必须对教育教学现象，比如发生在课堂里的故事、发生在班级里的故事、教师自身的遭遇等进行分析，这种分析是经过教师自身的观察和思考，运用教育学、心理学以及学科理论进行的反思研究。因此，调动专业积累、理解教育教学现象非常重要。从这个意义上说，阅读是写作的前提，大量阅读以后的写作才会有深度、有高度。教师的写作也会进一步推动教师的教育阅读，促使教师丰富教育学、心理学以及学科理论的专业积累。"阅读理解—教育实践—写作反思"能让教师的"专业性"得到较快提升。

（二）强调与实践相关联

教师写作建立在教育实践的基础之上，教育实践决定着教师写作的内容和水平。教师写作离不开对日常教育教学的观察、记录与反思，同时要服务教育实践、改进教育实践，写作与实践始终编织在一起，彼此促进，一起向前。

（三）强调真实而个性化的呈现

新教育主张教师写作要恢复最纯真的目的和最本真的样貌。教师写作需要注重学理、事实和逻辑，但应该避免千人一面，注重"个性化"。新教育教师写作注重内容的科学性、客观性和逻辑性，表达的真实性、简洁性和思考性，尽可能地客观呈现，不必过分依赖文学性的语言修辞技巧。

"板凳要坐十年冷，文章不写半句空。"针对教师写作的程式化、"八股化"，新教育写作倡导写自己独特的故事，表达自己独特的见解，有自己创新的追求。吕型伟先生说：老生常谈我不谈，人云亦云我不云。个性化写作不仅是对学生写作的要求，也是新教育写作的根本遵循。

（四）强调教育教学案例研究

近年来，以案例为主的质性研究也受到了前所未有的重视，质性研究成果的表达方式，如讲述"现实主义的故事""忏悔的故事""印象的故事""批判的故事""规范的故事""文学的故事""联合讲述的故事""现代主义民族志的手法"（如对话、超现实主义文本、诗歌、戏剧、小说、电影等）等，也越来越受教师青睐。教师在教育过程中会遭遇层出不穷的教育问题，其实，这些问题有很大的相似性，在一间教室里发生过的事情，在其他教室里往往也发生过，甚至在同一间教室里还会继续发生。教育实践的问题很多都是普遍性问题，问题的类型也是有限的，比如早恋问题、作弊问题、上课开小差问题、教育惩罚问题、学生竞争问题等。如果对典型问题进行集中的案例研究，就可以为所有教师处理教育问题提供可供参照的珍贵资源。

三、共同体写作：在写作大家庭绽放自我

（一）家庭写作

家庭写作能够提升家庭的觉察力，让家庭成员的情感因为写作而敏感和细腻，从而改变原生家庭的成长环境乃至依恋关系；家庭写作能够提升家庭的沟通力，借助写作这个爱与自由、和善而坚定的陪伴方式，拉近父母与孩子之间的关系；家庭写作能够提升家庭的成长力，父母在写作的过程中会发现自己知识的缺乏、表达的欠缺、心灵的疏忽、思考的浅陋，从而倒逼自己坚持阅读学习；家庭写作能够提升家庭的文化力，父母发挥写作的示范作用，会让孩子践行、模仿，并对父母产生更深的尊重和信任。

新教育家庭写作具有陪伴性、示范性、教育性、及时性等特点，主要有以下三种形式：

一是父母日记。父母作为记录主体，以儿女作为观察对象，记录陪伴成长的历程，反思自己的家庭教育、孩子成长状况。家庭日记的价值远远超乎我们的想象，它不只是家庭教育研究的起点，甚至可以成为教育研究的起点。

二是亲子书信。亲子书信尤其适合出差时间多、跟孩子见面时间少，以及工作繁忙没有时间跟孩子进行心与心交流的家长。家庭的亲子家书，可以让人体味到见字如面、纸短情长的挚爱亲情。

三是家庭月报。家庭月报是以家庭（家族）为单位，每月出版文化报的家庭活动。在信息和交通越来越发达的今天，家庭（家族）成员聚在一起的时间却越来越少，得到的家庭（家族）信息也往往越来越碎片化。亲人之间、家族之间有温暖、有计划、有内涵的交流显得弥足珍贵。家庭成员共同参与写作、编辑家族月报，每月发表家庭趣事、糗事、好事，有利于形成彼此关心、增进理解、共同成长的家庭（家族）氛围。家庭月报可以以微信公众号的形式呈现。

（二）家校共写

新教育家校共写主要指师生之间、教师与父母之间通过交互书信、便签等，让教师、孩子与父母共处一个生命场中，共同创造意义与价值。它具有平等性、合作性、理解性、坚持性、发展性等特点。家校共写可以没有明确的阶段性目标预设，但一定要把促进生命成长作为内隐的价值。

一般来说，新教育家校共写主要有四种形式：

一是家校信。通常每周一封，具体频率和发起主体由教师与父母共同协商。可以由教师向全班父母分享日常教育生活，或由教师与一些特殊家庭、特殊学生的父母发起"点对点"沟通，也可以由父母总结孩子在家表现、提出教育上的困惑等。

二是家校便签。由教师把班上突发的事情用便签的方式和某些父母进行"点对点"交流。家校便签以手写为佳，也可以打印后由教师签上自己的手写名字。

三是随笔（日记）接龙。学生每天完成学业后，用随笔、日记等形式记录一天的学习生活，父母和老师跟随其后写下对话或评点。既可以班级为单位接龙，也可针对一两个特殊学生进行个性化的接龙。

四是家校共育单。主要针对重点学生，由父母、教师和学生一起记录家务、阅读、礼仪等完成情况。可以是随记式的，也可以是主题式的；可以是短期的，也可以是长期的。

（三）师生共写

最好的教育教学本该是充满着魅力的师生对话过程。这种对话包括口头和书面两种形式。"师生共写随笔"是新教育师生对话的一项重要行动，也是新教育写作的一大特色，它通过教育日记、教育书信、教育故事、教育案例分析等形式，记录、反思师生的日常教育和学习生活，促进教师的专业成长和学生的自主发展。在新教育的网络平台上，无数师生的"共写"改变了以前的作业生态和写作生态，写作生机勃勃，硕果累累。在共写的师生互动中，在帮助学生的过程中，教师和学生共同成长，共同编织有意义的人生，这样的交互写作，使师生之间增进了理解，加深了认同，消除了隔阂，拥有了共同的愿景、共同的未来。

（四）教师共写

实践表明，抱团成长是提高写作水平的捷径。一个有生命力的教师写作坊，应该取一个诗意的名字，找到一两个灵魂人物，招募一群尺码相同的人，策划一系列的主题活动，写出一批有质量的作品，形成一股强大的写作文化磁场。南京栖霞的赵仁菊校长讲述的"百分论坛"就是颇为典型的教师共写。

苏州吴江的张菊荣校长在汾湖实验小学工作期间，亲自带领老师们每天用文字记录生活，让老师们把自己教育教学生活的点点滴滴记录下来，做"探索者""思考者""写作者"。由于暂时达不到出版的要求，他们就把这些书称为"土书"。为了体现仪式感，他们每年暑假都会举行"土书发行仪式"，8年间形成了400多本"土书"，"土书"中的不少篇章还得以公开发表。因为共同体写作，这所学校的老师找到了"诗意和远方"。

（五）网络写作

网络写作包括朋友圈写作和微信公众号写作，以及小打卡写作、简书、美篇、QQ空间、抖音视频类写作等。

网络写作流行以来，经过多年的淬炼，已经形成了独特的表达风格：一是高度散文化、小型化；二是口语表达，雅俗共赏；三是跨文体表达，表达样式多元。新教育一开始就十分重视网络写作，"教育在线"的博客写作曾催生了漫卷全国的教育阅读潮和写作潮。随后的"新网师"继续鼓励和发动广大教师利用网络从事专业写作，让写作成为一种生活方式、学习方式和工作方式。

在网络写作方面，关键是注意以下问题：

第一，找到适合的网络写作平台。参与网络写作，选择平台十分重要。目前适合学校师生、父母写作的平台主要有微信公众号、头条号、简书、微博等。入驻一个平台，开辟一个属于自己的写作空间，就是为自己找到了一片理想栖居地。

第二，坚持在频繁更新中培养习惯。坚持频繁更新，可以倒逼自己养成思考习惯。经常记录，长时间积累，会提高我们的生活敏感度、思想深刻性，能够看见自己拔节生长的过程。

第三，增强网络写作的读者意识。面对网络读者阅读欲望、理解水平、价值判断复杂多元的实际，写作中既要坚守教育人不媚俗的写作风骨，也要学会利用网络写作超文本链接的优势，采取更加灵活的表达方式，以吸引更多读者逗留，达成把自己的认识、思想和情感传达给更多的人的目的。

附：旺苍宣言

2022年7月，新教育人汇聚四川蜀苴古地、红军之城旺苍，聚焦新教育写作，回眸它20多年的发展历程，瞻望它在全民写作时代的新发展、新举措，达成以下新共识：

我们认为，人是天生的符号动物，是大地上唯一真正的言说者、书写者、歌咏者。唯其如此，人类才能让变动不居的时间凝固，铺陈波澜壮阔的人类历史，书写生生不息的生命传奇，留下代代相传的精彩故事与经典著作，使人成为超越肉身存在的永恒者。

我们确信，新教育写作倡导和践行全景观写作、全民化写作、全心性写作、全学科写作、全体式写作和全媒体写作，努力通过教育写作为全民写作探路，缔造一种以写作为载体的生活方式、成长形态和创造方法。它致力于传承写作的优秀文化传统，同时积极回应写作变革的时代召唤和国际走向，立足本土教育实践和自我发展的探索，以"过一种幸福完整的教育生活"的核心主张为价值取向，以学生、教师、父母为三大主体，构建起新教育写作共同体，用语言文字和其他辅助媒介，记录精彩人生，讲述生命故事，抒发美好感情，编织幸福梦想，播撒文明种子，促进新教育共同体所有个体与群体的交流分享，彼此润泽，和谐共生，藉此探索一条推动全民写作乃至人类文明进步的有效途径。毫无疑问，这样的写作必将创造我们的美好生活，为个体成为更好的自己、社会发展更加和谐、教育生活更加精彩奉献自己独特的智慧。

我们主张,新教育写作应与新教育阅读并行不悖,相辅相成。如果说新教育阅读是站在大师的肩膀上前行的话,那么新教育写作就是站在自己的肩膀上攀升。新教育写作希望通过学生写作,用文字搭建成长阶梯;通过教师写作,书写自己的教育史;通过包括家庭写作、家校共写、师生共写、教师共写、网络写作等在内的共同体写作,在写作大家庭绽放自我。新教育写作鼓励每一个成员通过坚持不懈的努力,通过形式各异、多彩多姿的写作,如日记、书信、随笔、故事、案例、论文、小说、诗歌、童话、戏剧乃至便签、备忘录等,让写作成为每个人的日常生活方式,用学生的发展、教师的成长、家庭的幸福和社会的进步精彩诠释"过一种幸福完整的教育生活"的意义。

我们深知,全球化的高歌猛进,网络技术的日新月异,以及新媒体的日渐普及,揭开了人类传播文化的新纪元,传统平面媒体正与新媒体联手制造一个人类的新神话。写作在经历了传统的口头写作、书面写作等阶段之后,一个"人人都是写作者,人人都可能成为优秀写作者"的全民写作时代正在风姿绰约地向我们走来。它使原来垄断话语权的精英写作转变为人人都能借助互联网平台率性表达自我的大众写作,展现了写作前所未有的私人化、平民化、普遍化、即时化、自主化、交互化风貌。即使是精英写作,也常常以大众写作的姿态加入这个行列。全民写作正在改变写作的概念,改变我们的生活方式,任何人都不能错过这个时代赋予自己的表达机会。新教育人要以最大的热情拥抱和推进全民写作的到来,用我们手中的笔劈山开道,修路架桥,筑基建屋,莳花艺树,创造一个新的教育理想国!

我们呼吁,在一个"即凡即圣"、人人可以成为俊杰和英雄的时代,普通大众同样可以追求立言不朽。所有的人都应当坚定地相信语言的力量、文字的力量和写作的力量。个人不管担当什么样的社会角色,以何种方式参与个人和社会历史的创造,只要他通过语言文字讲述诗意人生的故事,抒发至真至诚的情感,传播科学理性的知识,咏叹天地自然的大美,表达鼓舞人心的信念,写出个人风采、家国风度、时代风气,那么,他不管留下的是鸿篇巨制还是片言只语,都可以成为"经国之大业,不朽之盛事"的一员,成为美好生活的创造者!

第二部分 专业引领

网络写作:"新网师"促进教师专业发展的实践与启示

新教育网络教师学习中心　郝晓东

"新网师"全称为新教育网络教师学习中心,是新教育实验下属的教师培训机构。"新网师"遵循新教育教师成长理论,用生命叙事增进职业认同,用"专业阅读、专业写作、专业交往"促进专业发展,以"自主学习、自主管理、自主评价"为特征,以"过一种幸福完整的教育生活"为愿景,是面向全国教育工作者的在线专业学习共同体。从2009年成立至今,累计5万余名教师在这里学习,目前在册教师约1万名。

"新网师"借助网络组织教师写作,主要呈现出三个特点:一是写作人数多,在"新网师"学习的每个教师都写作;二是写作数量大,一年写二三十万字在"新网师"是普遍现象;三是写作质量高,不少学员的文章经常在报刊上发表。

大家都知道,教师写作普遍存在四个困难:一是不愿写,二是不会写,三是没空写,四是难久写。为什么在"新网师",教师写作却成了"家常便饭"呢?因为"新网师"在推动教师写作方面有如下方法。

一是开设写作课程,指导写作方法。"新网师"邀请全国知名教育专家李镇西老师常年开设教育写作课,同时不定期组织各种有关教育写作的培训和论坛。围绕教育写作主题，还组织了多场在线论坛。

二是提倡公开写作，激发写作兴趣。公开写作指在朋友圈、公众号、小打卡、简书、抖音等互联网平台写作。相对于纸媒时代的封闭写作，公开写作让读者得以及时关注、轻松点赞、实时点评，促进了作者和读者之间的互动交流，增加了写作兴趣。

三是撰写课程作业，夯实学习过程。与其他在线培训不同，"新网师"每门课程都会布置课前预习或课后作业。很多学员一学期学习结束后，仅作业的字数就会达到四五万字。不少学员将作业加以修改，就能作为论文刊登在专业期刊上。

四是撰写生命叙事，增进职业认同。生命叙事分为"一日生命叙事"和"年度生命叙事"。"新网师"公众号每天会刊发一篇"一日生命叙事"。学员的叙事引起多家教育媒体关注，经常被转载刊发。每年年底，"新网师"要求学员撰写年度生命叙事，并组织评选，优秀的生命叙事还会结集出版。

除了以上四点，"新网师"还倡导书写"一周观察"，记录、总结、反思一周内学校、班级的教育故事；鼓励撰写"课程综述"，在自己授课或听了他人的课后如实记录，并加以分析、评价。

由此可知，"新网师"之所以能克服教师不愿写、不会写、没时间写、不能长期写的难题，是因为三点原因。

一是"写作有伴"。参与共同体写，能够相互影响、相互激励。二是"写作有用"。这些写作不是为写而写，不是虚构故事，更不是文学创作。写作是一种工作、学习、生活方式，写作是为了教育实践，源自教育实践，记录教育实践。教师通过写作促进了对教育教学的反思，也促进了自我的专业发展和学生的生命成长。三是"写作有趣"。丰富的写作内容、多元的写作形式、及时的外部反馈，让写作过程充满乐趣，不再枯燥乏味。

通过网络写作，不少"新网师"学员学会了深度思考，提高了写作水平，促进了专业发展，点亮了教育生活。

"新网师"学员鲁正群是四川省成都市第十一幼儿园的教师。在"新网师"学习中，她坚持每天阅读、批注、打卡。《儿童的人格教育》打卡 148 天，《静悄悄的革命》打卡 146 天，《教育学经典解读》打卡 126 天，《发展心理学》打卡 128 天，《人是如何学习的》课程作业累计近 4 万字……她说："在学习过程中，我形成了专业自觉，锻炼了逻辑思维。"

"新网师"学员智静是山西省定襄县实验小学的一名语文教师，她在微信朋友圈以"静心思语""读与思""观察随笔"为栏目书写每天的所见、所闻、所行、所思，累计写作 50 多万字。她在班级发起"班级漂流日记"和"星空班一日叙事"，师生共写随笔。一年下来，全班 60 名学生完成 18 万字的写作。她说："书写随笔让知天命的我对世界充满了无限的好奇与热爱，我感觉自己比任何时候都热爱教育，热爱生命，热爱学习。"

总结"新网师"提升教师写作素养的实践经验，我想借用《学会写作：自我进阶的高效方法》中的三个观点来说明。

一是调整写作心态。要暂时接受"写得差"这个事实。有的老师觉得"我写得如此差，怎么好意思写呢"，其实应调整为"我写得差，得赶紧开始写"。有的老师困惑"为什么你们随随便便就能写几千字，我写几百字都困难"，其实应调整为"没有谁能随随便便写几千字，都是在坚持练习中达成的"。

二是完成比完美重要。要降低目标，调低预期，从写好一段话开始每天练习，不要有"准备好了，再一炮打响"的念头。好文笔是练出来的，好文章是改出来的。先写起来，就成功了一半。

三是必须公开写作。借助外部审视，能提升写作标准。只要公开写作，就会写得更认真。借助外部激励，能提高写作动力。读者的点赞、留言、转发都会让写作者更有动力。借助外部反馈，能提升写作技巧。阅读数、点赞数、评论数都是反馈的表现，没有反馈也是一种反馈，说明你的文章没有打动任何人。读者的质疑和批评能帮助我们发现不足，帮助我们对写作进行更深入的思考。

一个人与一群人：思想长跑的精神意义

——我所经历与理解的新教育写作

江苏省苏州市吴江实验小学教育集团　张菊荣

2002年暑假伊始，我闯入刚创办不久的"教育在线"，践行"朱永新成功保险公司"每日一篇千字文的约定，进行了长达20年的"思想长跑"。当年的这一"闯入"，对于我、对于之后我所在团队的意义，无法估量。

精神意义是新教育写作的第一意义。人类开始写作或许是为了记事。但是，遥远的古人一定曾为自己能用这样的符号记录生活而感到惊讶。我想，这种强烈的精神自豪感，不亚于人类开始直立行走的那一刻的感觉。对于个人来说，童年时第一次拿起笔写作的那一刻，也一定带着深刻的期待：从此，我可以用这样的方式表达！

当一个人进入了写作，他就开始了一趟创造性的精神之旅。对于一名教师来说，尤其如此。新教育写作把写作的精神推向了极致。"人能磨墨墨磨人"，新教育写作磨砺着人的精神。

2002年暑假开始，在教育理想的召唤下，我开始了"菊荣行思录"的写作。暑假过后，恰逢工作变动，我来到吴江市教科室工作。于是，我开始了这样一种生活：白天，与校长、老师们在一起，在学校里汲取实践的营养；安静的夜晚，键盘的敲击下流淌着源源不断的思想。写作，让我把自己与学校紧紧联系在一起。当一个人与一群人联结起来时，精神生活就会高度丰富。我的求精神、弱功利的写作取向，从那时起已扎根发芽。

我非常喜欢苏霍姆林斯基说的"日不间断"。但要做到"日不间断"，谈何容易？难在坚持，最大的困难是看不到"成长"。我也常常是时断时续地写作，写了一个月，停下；写了两个月，又停下了。有一次，我向朱永新老师请教，我说我坚持了，却看不到自己的成长在哪。朱老师给了我五个字："坚持即成长。"

"坚持即成长"，这句话包含着多少意味！当一个人坚持着，他的坚持就是他的精神标识，就是他的高贵存在。2006年9月1日，我正式开通博客，宣布要开始一场"思想的长跑"。这一天也许来得有些晚，可是思想的长跑，从哪里开始都不算晚。这一"跑"，便是20年。从市教科室到城区小学，从重返乡村办学再到主管教育集团，一路峰回路转，我却因为这"思想的长跑"，从未动摇过精神的指向。

2006年"开博"的当年，"思想的长跑"与"课堂观察"研究完美相遇。在课堂现场，在文字的天地里，我完全沉迷于对"课堂观察"的琢磨。我的文字没有固定体裁，我的思维没有限制，我的思想扎根在大地之上。直到今天，我依然记得那时记录生活、梳理思路带来的精神满足，那是一种纯粹的生活方式。后来，我连续在《中国教育学刊》发表了两篇8000字长文，这背后，是30万字的原始记录。记录时我没有想到要写出几篇"宏文"来，更没有想到后来我们还主编出版了17册《观课议课问题诊断与解决》。我享受这种精神成长的过程。

2008年暑假从教科室来到一所当时较为薄弱的学校时，我的心情并不好。朱老师给我的箴言是"经历就是财富"。这一次，我选择了与阅读相关的团队写作，在阅读与写作中，实现精神的多方对话。我们成立了一个沙龙组织，开始了名为"细水长流读专著"的阅读写作活动，在学校论坛上开辟专栏，每天用文字与伟大思想家进行穿越时空的对话，筑起了学校的精神坐标。我们用"日不间断"的方式，在现实教学中思考理论、展望理想。

　　这种写作方式人人皆可为之，蕴含在其中的写作精神却是高贵的。高贵的精神不需要豪华的包装，新教育倡导无门槛写作，重要的是行动起来，日不间断地做起来。"持续性"让写作成为一种生活，让思考成为一种状态。

　　2009年，我把与苏霍姆林斯基的"对话"方式移至新成立的汾湖实验小学。以"周"为单位，通过思考近400个问题，学校创始者们进行了长达一年的"读苏"之旅。老师们甚至没发觉自己在写作的时候，就自然而然地过上了写作生活。我们的写作涉及了教育与生活的全部。第一个学期结束前，我说要把这段"创业史"记录下来，这是学校的财富，也是每个人的财富。36位老师，无一例外地参与了这个"土书写作行动"。每个人都在记录、思考，每个人都进入了琢磨的状态，每个人都在平常的日子里过着高贵的精神生活。当写作成为专业生活方式，学校就理所当然地成为了学校该有的样子。2017年，当我离开这所学校时，老师们创作了444本个人"土书"。

　　2017年，我把这种通过日常写作进行思考的习惯带到了吴江实小教育集团。在学校行政群里，近两年的时间，我日不间断地发表千字文。我写给大家看，更是做给大家看，让大家看到我是怎样工作与思考的，如何在学校的现场与老师们一起处理问题的，更是让大家看到学校的思想如何一步步从萌发到生长。我写的是与大家共同的思考，是大家熟悉的生活，但我写出来了，我的文字就引发了大家的进一步思考……很快，一种建设学校智慧生活的愿景扎根了，学校的学术氛围与精神气息弥漫开来，10天一期的《积极生长者（旬刊）》记录着大家的成长故事，10天一期的《积极生长者（学报）》创造着教室里的课程与教学论坛——这两份没有节假日的小刊物以及其中不断生长的浩瀚文字，构起了一个教育集团的精神殿堂，我们对它们的珍爱甚至超过了我们发表各类作品的报刊。

最近，我又把办"旬刊"的做法推广到了"张菊荣名校长工作室"。名校长工作室刚成立，我就与12位校长做了一个约定：在三年时间内，日不间断地发表"每日一语"！我的旬刊系列于是又多了一个《日知者（旬刊）》，近一个月的时间，我们已经积累了近10万字。这不仅仅是文字。当一个人每天都处于思考之中，他怎么会不成为思想者，怎么会不拥有丰富的精神世界？12位校长一起，又将带动起多少人？

20年前的一次闯入，20年的思想长跑，我把自己与一群人维系在一起。一个人的坚持可以带来一群人的坚持，而一群人的坚持会带动更多个体的坚持。我始终相信，写作在，你的精神就在；精神特质，就是新教育写作的第一要义。

20年，20本书

江苏省苏州市吴江经济技术开发区长安实验小学　管建刚

2002年，我30岁。那年暑假，我在屯村中心小学教书，偶然接触到了"教育在线"和新教育。更有意思的是，我读到了时任苏州市副市长的朱永新老师的帖子《"朱永新成功保险公司"开业启事》，说每天写一篇千字文，10年后没有不成功的，不成功可以找他"算账"。

这对我来说太有吸引力了，因为朱永新就是我们苏州市的副市长啊，我们分管教育的副市长难道会说话不算数？我这样想着就写了起来，写完就发在"教育在线"论坛上。

我写的多是学生写作文的故事。写了一年多，2004年，"教育在线"联系我说要出一套丛书，可以出一本我的作文教学故事。这下，我的写作热情更高了。2004年暑假，书稿完成，2005年1月，我的第一本书《魔法作文营》在"教育在线"丛书中出版了。

如果说"朱永新成功保险公司"点燃了我的写作热情，那么第一本书的出版就是真正点燃了我。我当时想，既然出版了第一本书，那就能出版第二本、第三本，这辈子我要完成三本书。

我没有想到，一个人的潜力能有这么大。2006年我出版《不做教书匠》，2007年出版《我的作文教学革命》，三本书的梦想在我35岁时就实现了，2008年我又评上了特级教师。我的成长跟"教育在线"、跟新教育、跟新教育写作密不可分。

评上特级教师后,我的梦想变成了写10本书。当时我也对自己的想法吃了一惊,身边的人可能都认为我"吹牛不打草稿"吧。朱永新老师有一本畅销书叫《新教育之梦》,他说教育要有梦想,人生要有梦想。我的梦想万一真的能实现呢?

我所在的学校每天下午16:30放学,每天17:15-17:45这半小时是我记录写作的时间,寒暑假则是我整理书稿的时间。2009年,我出版了《一线教师》。2010年出版了"管建刚作文教学系列"的《我的作文教学主张》《我的作文教学革命》(第二版)《我的作文教学故事》三本。2011年出版了《我的作文训练系统》,2012年出版了《我的作文教学课例》,2013年出版了《我的作文评改举隅》和《教师成长的秘密》,2014年出版了《我的作文教学六讲》和《一线表扬学》……"行动就有收获,坚持才有奇迹",写作、出版10本书的梦想居然在我40岁出头就完成了。要知道,我的父母都是农民,母亲不识字,父亲只上过一个学期的学,我从小学到初中,家里没有一本课外书。这样的写作成果连我自己也想不到。

这个时候,我又有了新的梦想。我想,退休前应该要完成20本书。我还是坚持每天半小时的写作和记录,在寒暑假整理书稿。2015年,我出版了《管建刚和他的阅读教学革命》。2016年出版的《和女儿谈》,是我的"新教育家庭写作",是我写给女儿的信。这一年我还出版了《我的全程带班录》共三本。2017年出版《我的语文观》和《我不是班主任》,2018年出版《一线带班》和《我的下水文》,2019年出版《指向写作:我的9堂阅读课》《我的作文教学革命(答疑版)》。

就这样,20本书的目标又完成了。我不知道以后还能再写几本书。我只知道,心有多大,舞台就有多大。我只知道"行动就有收获,坚持必有奇迹"。

从 2002 年到 2022 年，20 年里我出版了 20 多本书，从一名农村中心小学的普通教师逐渐成长为特级教师、全国优秀教师、正高级教师以及国家"万人计划"教学名师，最令我难忘的却还是 20 年前那个《"朱永新成功保险公司"开业启事》的帖子。

20 年磨一剑的坚持对于个人成长是如此重要，"教育写作成就教师"不是一个神话、一句空口承诺，而是一定会成为现实的大道理。

我们工作室的老师们也都在新教育写作的感召下，坚持行走在教育写作的路上——范天蓉老师的《我的作文教育故事》、潘非凡老师的《作文：教在"学"的起点上》、贾凤莲老师的《画中有画——低年级作文起步探秘》、田希城老师的《班级管理中的"经济学"》、薛卉琴老师的《你不知道的留守儿童》……工作室成员已陆续出版了十余本书。樊小园老师刚完成了书稿《教师写作和教育奇效》。她的学生说，每个星期樊老师都要求他们写一篇 500 字的作文，而她自己写一篇 1000 字的作文。樊老师的教师写作不只改变了学生的作文水平，更改变了班上一个又一个让人头疼的学生，每个星期樊老师都会写一个后进生，发现他身上的闪光点，郑重其事地刊发在《班级作文周报》上。樊老师创造了"没有回家作业，考试依然第一"的神话，这些都与她坚持写作分不开。

新教育写作倡导的"行动就有收获，坚持才有奇迹"，这句话道出了我 20 年来走过的写作路。"做得精彩才写得精彩"，这是我反复跟团队成员说的话。不知不觉中，新教育写作的思想和理念，已经如此深刻地影响了我和我的团队。

图说眼里的世界　写画心中的天地

四川省旺苍县东河镇第二幼儿园　季红梅

2016年9月，我有幸加入我园"班本课程"研究团队。面对生活学习习惯还未养成的小班幼儿，该选择什么作为班本课程研究的切入点呢？在一次美术活动中，我引导幼儿"给妈妈烫卷发"，亲切的话题让幼儿特别兴奋，纷纷准备"大展身手"。可当他们拿到纸张、画笔时，却有的在纸上戳洞洞，有的在手上涂指甲，还有的在脸上开"染坊"……问题即课题，我当即思考：何不在小班开展"写画主题"研究来解决这一问题呢？

儿歌游戏中写画，激发兴趣。小班幼儿喜欢吃点心、念儿歌，于是，我尝试将点心与儿歌融合："小手描一描，用笔画一画，线线变小草，圆圈变泡泡，撒上黑芝麻，你猜变成啥？面包、草莓、棒棒糖……"在朗朗上口的儿歌声中，幼儿与线条玩起了游戏。一幅幅童趣盎然的画作、一张张自信满足的笑脸，坚定了我开展"写画主题"研究的决心。

观察交流中写画，积累经验。"铃鼓是圆形的，杯子是方形的……"幼儿不断发现身边事物的外部特征，兴致勃勃地描绘它们的样子。可写画兰草时，兰草繁多的叶片干扰了幼儿的视线，他们无从下手：老师，我不会画。我们讨论：可以先画一片叶子吗？叶片是什么形状的？为什么不一样？于是，或舒展或枯萎的叶片被幼儿赋予了别样的生命力。

2018年，新教育十大行动在校园生根发芽。我发现"写画主题"研究正是幼儿园师生共写随笔的独有方式。专业的引领让困惑中的我渐渐明白：幼儿写画的核心价值应该在于激发生活热情、关注内心感悟、书写生命成长。于是，我从丰富幼儿的生活出发，先玩再画。动画片中爱运动的"黄咕力"深受幼儿喜爱，我们一起观察他运动时手臂、腿部姿势的变化，一起扮演"黄咕力"。就这样，幼儿在做做玩玩中写画了快乐的童年。课桌爬山游戏、热闹的大扫除、快乐的六一等多彩生活丰富了幼儿的视野，激发了他们书写生活感悟与生命成长的热情。

关注个体写画，激励前行。一直不爱表达的辉辉愁眉不展，耐心交流后才得知，他想画小朋友跳了多少次绳，可不会画娃娃，也不会写数字。"你会画什么呢？""我会画线线。""那你就用线线来表现吧！"于是，辉辉用长短不一的线条进行了跳绳计数的写画，还眉飞色舞地说："瑶瑶跳得很多，线特别特别长；海海只跳了这么短的一点点。"他边说边晃脑袋的样子深深地印在我的脑海里。

家园合作写画，寻求支持。幼儿写画表达的意图天马行空，他们渴望得到倾听、理解、鼓励。分身乏术的我唯有争取家长的积极参与，才能让幼儿写画持续迸发活力。爸爸在陪阳阳洗澡后，阳阳写画了爷俩光着身子躺在浴缸里的情形，爸爸夸赞儿子观察仔细、表现生动，还给儿子讲述了男女的区别，他们完成了一堂生动的性教育课。阳阳和爸爸为亲子合作写画做了示范。

在家园共同努力下，幼儿逐步爱上写画。生活的日日重复很可能让写画失去新意。怎样引领他们创造性地写画呢？朱永新教授说：如果阅读是站在大师的肩膀上前行的话，那么写作就是站在自己的肩膀上攀升。爱读故事是幼儿的天性，因此，我以阅读为抓手，引领幼儿一起创作，在创作中润泽童心、丰盈生命。

仿编绘本故事，走进阅读天地。绘本夸张离奇的图画形象、跌宕起伏的故事情节深深吸引着幼儿。我尝试引导幼儿在阅读后仿编故事：云朵变身童话小屋、铁甲小宝做起美食、章鱼哥飞上太空……每个人的小故事汇集起来，就成了一本自制小图书。有了仿编故事的乐趣，幼儿更喜欢阅读绘本了。

分享仿编故事，享受成功喜悦。当又一次讲故事时间来到时，我并没有像往常一样讲绘本，而是拿起他们仿编的《我爸爸》放到投影仪下，还没开始讲，涵涵就发现那是他和爸爸在比赛跑步，眼里闪现出自豪的光芒。再翻下去时，萱萱和文文也发现了：那是我和爸爸在逛街；那是我爸爸在陪我散步。一时间，幼儿成了讲故事的主角，每张小脸上都洋溢着自信。自制小图书成了图书角里最抢手的宝贝，他们一遍又一遍地传阅，讲述自己的故事。

创编绘本故事，共话创作愿望。看得多、翻得多，自制图书变得破旧了，已经满足不了幼儿的愿望。于是我们又讨论怎样才能让图书不被撕坏，怎样才能有更多的图书看。孩子们纷纷出谋划策：要爱惜图书，可以多做几本……老师、幼儿、家长开始合作创编绘本，《袁隆平爷爷的工作》《不一样的12.26》《我们的足球比赛》等自制绘本成了幼儿的最爱，也成了我们生活中一道独特的风景。

从阅读到仿编，再到分享、创编，幼儿在看、听、说、做中养成了爱阅读、爱图书的好习惯，他们的社会责任感逐步增强，家园共育的合力进一步彰显。我们在浓浓的书香氛围中同学习、共进步。

行动就有收获，坚持才有奇迹。几年来，我们多次在全县教师培训会中交流写随笔的经验，丰富而童真的写画小故事被同行熟知，幼儿成了名副其实的"写画小能手"。我研发的与写画相关的多个班本课程成为园本课程。写画、阅读、思考成了我们一起行走的方式，我们同心同行，不断前进。

百分论坛,满分人生

——"励进百分论坛"的笔尖故事

江苏省南京市栖霞区幕府山庄小学　赵仁菊

新教育认为,生命就是书写一个故事,教育就是让每个人有省察地书写自己的生命故事。2013年,南京市栖霞区加入全国新教育实验区,我校作为实验学校之一,聚焦教师"不想写、不会写"的难题,依托"励进百分论坛",持续推进教师写作。

"励进百分论坛"是我校青年教师专业发展共同体——"励进百分"俱乐部的一个活动平台,以"参与百分百,坚持百分百,热爱百分百"为行动口号,每次活动100分钟。多年来,论坛围绕"推动教师写作、促进教师发展"主题,不断激励着每一位青年教师快速成长。

榜样引领,激发教师写的热情

新教育提出,一个好的教师在他的成长历程中都有自己的榜样。"励进百分论坛"中榜样故事的言说,化解了教师对写作的畏难心理,激发了教师专业写作的热情。

讲述名师故事。古今中外的教育家和名师,无一不是通过写作成长起来的。在"励进百分论坛"活动中,我们介绍了苏霍姆林斯基、李镇西、李吉林等教育名家的写作故事。我们震撼于苏霍姆林斯基一生写下41部教育专著的创作史，沉浸于李镇西校长给学生编织童话的经历……名师故事激发了青年教师的写作欲望，激活了他们的写作潜能。

呈现身边榜样。教育写作既要仰望星空，也要脚踏实地。2020年，学校启动"和名校牵手，与名师有约"活动，"励进百分论坛"延伸到了名校的舞台上。2022年3月，"励进百分论坛"走进南京市北京东路小学，该校吴静老师作专题讲座《上出来的论文》，以自己的亲身经历，启发我们品悟写作要义。我校王梦云、郭娜、盛月等青年骨干教师也相继走上论坛，分享自己的写作故事，让全体教师看到写作带来的蜕变，看到写作之于个人成长的价值，越来越多地参与到专业反思与写作的行动中。

专业研修，提升教师写的能力

写作是一种实践能力，只有在实践的研修中，写作能力才能不断提高。

共读专业书籍。学校首先邀请教育专家为青年教师精心挑选专业书籍，线上线下同步学习，引领教师的专业写作之路。近几年，我们共同研读了《叙事教育学》《名教师是写出来的》《高效写作的秘密》等著作，开拓了写作视野，开启了专业写作的技巧之门。

共研专业写作。"栖霞区教科研云端大讲坛"品位高、受众广，带领我们奔赴教育的诗和远方。"至慧十人坛"由10位青年骨干教师组成，定期开展专题学习，撰写学习心得。"微项目研究小组"采取校内校外双导师制，引导组员关注教育生活，撰写研究报告和行动故事。"三对一"磨文小组的建立，助力青年教师专业性文章的提档升级，也成就了一批草根型专家。

基于我校省级规划课题"润泽童年生活：儿童诗校本课程开发与实践的研究"，论坛特邀儿童诗人巩孺萍进校园，开设讲座《诗意的童年 美好的一生》，让教师学会诗性的表达；邀请作家张帆来校和教师亲切对话，阐述教师写作的重要性；和《扬子晚报》展开友好合作，为教师提供写作咨询，邹玲娣、王佳婧等骨干教师由此成为《扬子晚报》的专栏作者。

近年来，"励进百分论坛"围绕儿童成长、家校共育等主题，多次开展专题写作，引导教师在持续写作中提升能力。我们组织"励园里的儿童故事"主题叙事分享活动，《愿化一路南风》《童心，同心》《等待"仙人掌"开花》等作品用生动的文字定格了五光十色的教育瞬间。我们邀请《江苏教育研究》杂志社原社长金连平点评指导，讲述自己通过写作成长的故事，给老师们带来了智慧的启迪。

主题分享，交流教师写的收获

"励进百分论坛"的主讲有名师大家，更多的则是普通教师闪亮登场，在激情讲述中相互润泽。

读书心得交流。我们举行"励进百分·止于至善"主题阅读分享活动，每一季都邀请老师走到台前。2020年寒假，我们共读《未来学校》，作者对美国200余所学校的深度探访，给了我们更多贴地飞行的有趣思考。开学季，"励进百分论坛"云端开讲，吴震寰老师撰文《让更好的教育来得更快》，她写道："学校不妨大胆一点，把'掌握技术'的职责分配给学生，而学生培训可以交给校外团队，这和咱们的'小先生'制也是不谋而合的。"

共读《为了自由呼吸的教育》，让我们明白教育就是一腔真爱，一份宽容；共读《做内心强大的教师》，我们因青年教师对课堂"意外"的妥善处理而深受启发……一个个鲜活的案例和故事帮助青年教师勾勒出教育的蓝图。

行动叙事分享。新教育倡导生命叙事，以生命影响生命，以故事引发故事。"励进百分论坛"分享最多的是老师们的生命叙事。盛月老师奉上《我们班的爱情风暴》，讲述她如何应对"早恋"的故事。张璐老师分享了"半亩方田"综合性学习项目的研究成果，展现了学校劳动育人实践的新样态。这些好故事悄然引领着教师们的思维转型和生命成长。

只要行动，就有收获；只有坚持，才有奇迹。这几年，我们汇编了《娜写年华》《青青园地》《月下盛开》等教师文集，30多位老师的近百篇文章先后在省级以上刊物发表，毛善玲老师的研究报告《小课题　大文章》、郭娜老师的案例《青青园地　小农夫的梦》在市区级平台交流。教师写作行动的持续推进，促使越来越多的教师在深入思考中工作、生活。未来的日子里，我们将继续引领教师们以笔为桨，以文字为帆，划动生命之舟，驶向明亮的那方，创造属于每个人自己的"满分人生"。

成长的印迹，无尽的延伸

四川省成都市武侯实验小学　胡艳

我爱好文学，但在教育专业写作与指导学生写作上，一直缺乏深入、系统的思考。参与新教育实验后，我似乎打开了专业写作的大门，与学生一起开启了"共读共写共同生活"的延伸之路。

写作者的延伸：从教师到学生

2017年暑假，我成为李镇西老师研修站第二期学员，跟随李老师进行为期两年的新教育理论学习。

李老师有个令人佩服的习惯：坚持每天写文章。他鼓励我们多动笔，尤其要在专业写作上下功夫。在李老师的带动下，工作站成员都积极行动起来，我也开了个微信公众号，名曰"艾弥儿的胡言胡语"，用来记录我与"朝天乐"班学生的点点滴滴。从2017年10月至今，我写了500余篇文章，部分文章在专业报刊上发表。

李老师的教育理念与写作习惯，深深地影响着我们。我不禁思忖：我能像李老师一样，把对写作的热爱延伸到学生身上吗？新教育实验告诉我们："共读共写共同生活，是过一种幸福完整的教育生活的必由之路。"于是，我决定和学生们一起共写。

三年级暑假开始，我们的师生共读共写拉开了帷幕。学生们在课本中新学了写书信。暑假里，我布置了一个共写任务：学生们给我写一封信，我再亲笔回复，并且都通过邮局寄出。所有信件原文，我以"双鲤记"为主题分10期发布在公众号上。

写作形式的延伸：从个人创作到集体共写

新教育倡导真正意义上的写作，将写作与生活连为一体，并成为反思交流的重要手段。我们的共写可分为因材施教式的个性化写作与聚焦单个主题的集体共写。

我常以学生的经历临时命题，来源于生活的主题往往能出其不意地产生好文章。张朗鸣同学竞选校园剧落败后失意，又在文章中重获自信；叶小典同学吃坏了肚子在家养病，康复后一篇妙文赢得了全班笑声；小白同学因父母离婚而痛苦，她在文中对我这个班主任毫无保留地倾诉。我给铃铛同学推荐了《穗子物语》这本书，她效仿着写了一篇《苏红霞阿姨的故事》。我给她建议，就把这个系列写下去吧，说不定这就是属于她的"铃铛物语"。

集体共写求精不求多，共写主题一定要是学生真正能写、想写的。学习《匆匆》这篇课文后，我和学生一起写下对时间的感悟，再用两节课的时间鉴赏、修改。我把这天的情景记录下来，把学生们的习作放进去，写成了《匆匆的背影》一文。谁知，这篇小文勾起了他们一年级启蒙老师吕老师的无限感慨，决定回学校看望学生。这热闹温馨的场面催生了《匆匆的背影（续）》，又立刻生成了另一个共写主题《穿越回到×年级》。课堂上，学生们"脑洞大开"，回望自己的小学经历，遗憾与愧惜、不舍与伤感，都自然而然地流泻出来。

体裁的延伸：从单一习作到多文体拓展

除了常见的叙事习作外，我们还拓展了更多体裁。五年级，我们共读《红楼梦》，拓展了两个与阅读相关的写作主题——"同写红楼梦中人"，写自己对红楼中人物的评价；"同是红楼梦中人"——将红楼梦中写人叙事的手法迁移到自己的作文中。"共读红楼"与"共写红楼"成了"朝天乐"班一项独具特色的小成果。

结合班级"戏曲"主题，从四年级上学期开始，我们每学期选择一两篇课文，小组合作进行课本剧改编。人物对话式的校园剧剧本逐步升级，六年级时，学生已经能够写出简单的四幕剧，还有的能够以戏曲韵文、唱词的形式写戏曲剧本。

评价的延伸：从常规评价到信息技术支持

2019年暑假，从李镇西老师研修站毕业时，李老师让我们写毕业感受，每一篇文章他都亲自点评，并发布到他的"镇西茶馆"公众号上。

李老师的方法启发了我。对学生来说，老师的肯定与点评尤为珍贵。我将寒暑假习作的提交与评改放到线上，习作改为每周一次。这样及时有效的评价和建议，是激励学生写作的有效手段。学生有了佳作，我也会专门撰文点评，随时发布在我的公众号上。

我从李老师的研修班毕业了，"朝天乐"班的孩子们也从学校毕业了。因李镇西老师的言传身教，因新教育"共读共写共同生活"理念的引领，我和学生们一起留下了那么多难忘的回忆。他们的成长足迹与我的教学生命紧密地联系在一起，交织成独一无二的体验，并将在各自的人生岁月中无尽地延伸。

情满心怀，花开笔尖

山东省滨州市滨城区逸夫小学　卢振芳

我与新教育结缘在 2014 年雪花飞舞的冬季。2015 年的第一天，我们正式开启师生共写。数年时光弹指一挥间，但习惯的培养、品质的塑造、生命的绽放，凝结成了笔尖下一串串幸福的印迹。

我市新教育实验启动与《快乐日记》"坚持之星"评选促成了"师生共写"的美丽开始。这段共写旅程共有四批孩子加入，我也仿佛再度焕发青春，找回了年轻时的模样。

启航：上路

带着无限憧憬，我们的"每日一记"坚持之旅开始了。坚持一月成为"月坚持之星"，坚持一年成为"年坚持之星"，这是《快乐日记》的评选标准。刚开始时，我们都热血沸腾，孩子们兴致勃勃地说要包揽所有奖项。然而，理想很丰满，现实很骨感。1 月仅有 4 人、2 月仅有 3 人获得"月坚持之星"，距离我们定下的目标相差甚远。不够理想的结果让我陷入沮丧。

激趣：追逐

迷茫时，我想起了蔡元培先生的一段话："教育是帮助被教育的人,给他们发展自己的能力,完善他们的人格。"于是我们重新出发,"海燕班"的温暖故事就此启程。我以"班级故事"为主题,记录"小海燕"们的每一天。同时,"小海燕在翱翔"的主题帖也在"教育在线"平台上发布。师生共写化作相互支持、相互切磋的力量,我们带着共同的心灵密码,一起奔向明亮的那方。

活动助写。生活需要发现,习作需要点燃。为了丰富"小海燕"们的习作素材,我们精心编织每一天:点亮二十四节气,探寻其价值和文化内涵;扮靓传统节日,激发写作源泉;丰富班级活动,让生活充满新奇、期盼;活动结束后一起聊那些难忘的故事、令人回味的语言……书面语言成为每一次活动的延伸,生活变得有滋有味,文字自然多情温暖。

种植导写。清明前后,我带着孩子们一起种牵牛花。从种下种子的希冀到新芽露头的欣喜,从藤蔓爬墙的雀跃到花蕊绽放的惊叹,牵牛花点点滴滴的变化都包含着孩子们对新生命的敬畏,培育牵牛花的过程也让他们变得细腻而敏锐。

牵牛花也不断出现在学生的习作中,丰盈着他们的生命。课堂上学习到"图腾"时,我问他们想用哪种植物或动物当作我们班的图腾,孩子们异口同声地说:"牵牛花!"于是,以牵牛花为主题的"种出来的班级图腾"活动让我们拥有了"向阳而生"的班级愿景。

拓展扩写。我们的习作领域包含活动日记、读书日记、节日日记、观察日记、信息日记、生活日记六大主题,不同的主题承载着不同的任务。读书日记旨在体验语言的魅力、阅读的幸福;节日日记是为了感受不同节日所蕴含的独特文化;活动日记在于发现生活中的真善美,感受大自然的美好……这些小目标汇总在一起,共同提升学生的人文素养,恰如涓涓细流最终奔向大海。

激励促写。师生共写,达成了"人人成为坚持之星"的童话。孩子们的作品频频被选中刊发,一时间,"海燕班"成为《快乐日记》

的约稿班级。梦瑶同学是《快乐日记》"年坚持之星"之一，有四篇日记被刊登出来，她成为封面人物，还获得了一笔小小的稿费。

都说21天可以养成好习惯，在走过无数个21天后，"小海燕"们逐渐爱上了写日记。他们说，写日记已经成为生活中必不可少的一部分，没感觉这是一种负担，反而觉得是种享受。岂止是他们，我自己不也是这样吗？夜晚拿起笔写作，是一天当中最幸福的时刻。每晚9点按时在班级群上传我的日记，成为一种雷打不动的习惯。有时上传得稍晚一些，孩子们就会问："卢老师，日记呢？""卢老师，我想看日记。"那些期待和关注，成为我坚持写下去的动力。经过三年的记录，"海燕班"的温暖故事已累计完成58万字，每一个温暖的故事，都是送给孩子们最好的毕业礼物。

回响：收获

从"海燕班"到"溢彩童年班"，从"扬帆班"到"太阳花班"，改变的是学生，不变的是共写。我继续做"有故事的老师"，让学生沐浴在故事里；学生们继续写他们的日记，让日子滋润在幸福里。

共写，在提升写作水平的同时，也磨炼了他们的意志。春季运动会上，身高不足1.4米的小纪同学报名了800米长跑，我觉得这个项目不适合体质偏弱的他，于是劝他报100米。小纪却说，能坚持跑完800米就是顽强毅力的见证。看到他小小的身影奔跑在800米赛道上，我感受到了对生命的敬畏。那次，小纪成功突破了自己，成为最美丽的选手。同样，在200米跑道上跌倒又爬起来的佳乐、坚持每日读书的鹏飞，都在不断创造着奇迹。在课间操奶盒回收活动中，"扬帆班"成为唯一一个连续30天将奶盒回收至规定位置的班级；"太阳花班"用努力将流动红旗变为常驻红旗。一份份坚持，让班级里洋溢着自信的快乐。

七年的陪伴，我的温暖故事也从班级"搬家"到了"教育在线""简书"等平台。改变的是地点，提升的是内涵。七年的携手同行，让我的写作能力有了提高，也让我的文字有了诗情画意："温暖故事"系列记录了4个班级的不同故事，目前已突破百万字；我发表教育叙事10余篇，创下了教学生涯发表文章数量的新高度。渐渐地，我的故事也在新教育实验内产生了一定的影响，被评为"新教育实验榜样教师"。年近半百，还能收获这样的生命成长和体验，是新教育激发了我潜藏的梦想和激情。

　　"情不知所起，一往而深。"七年来，师生共写成就了孩子们，让他们找到了诗意成长的土壤；师生共写也改变了我，让我满怀信心地行走在诗意的大道上，找到了年轻时的幸福模样。

以笔为马，奔赴教育的诗和远方

湖北省松滋市实验小学　黄华斌

湖北省松滋市实验小学自2019年启动新教育实验，以一年一个主题，走过了"寻梦—深耕—融创"的三年之旅。这几年我们最大的收获是，做起来就有故事，写起来就有惊喜，校园因为装满故事而充满生机。在这场始于教师专业成长的行走中，我们以笔为马，借助新教育"生命叙事"的独特方式，引导师生共同奔赴教育的诗和远方。

"项目驱动"，营造教师叙事场景

写作，对于绝大多数教师而言，或许是种负担。教师不愿写，原因在于动力不足、缺少意义。我们的策略有四点。

一是丰富"造景"。以项目驱动的方式，对习以为常的教育管理场景进行意义重构，制造教育写作事件，如"悦读故事""参赛故事""点灯故事""磨课心得""班级叙事"等项目，通过不同场景的建构，让老师们有话题可写，有故事可讲。二是升级"意义"。取消各类常规工作总结，代之以"教育叙事"或"教学案例"，先减负，再升级，推动教师从形式写作走向意义写作。三是激励"扬长"。我们鼓励先进，也允许落后，40岁以下是规定作业，每月一篇；40岁以上是选做作业，从"生命叙事"和"照亮生命"的"大小写"中自选其一。小写，用照片传递感动；大写，用故事彰显精神。四是注重"分享"。把生硬的会场变成生动的故事场，用"有过程、有典型、有思考、有PPT"的要求，推动教师将践行新教育的过程用生动的现场和故事演绎出来。变"教师例会"为"榜样故事会"，每月一次分享，在分享交流中，寻找我们自己的"英雄"。变"班主任例会"为"优秀案例叙事研修"，从教育媒体和教师的生命叙事中精选一至两篇集中研修，学会撕开问题的口子，让教育的价值流淌出来。变"读书会"为"读思会"，每周二相约，读思结合，智慧碰撞。如在共读朱永新教授的《致教师》后，教师用书中最有共鸣的观点，讲述自己的教育故事。这样读写融合，避免了"翻书而已"的浅薄，"夜读"成为"悦读"。围绕学校"上清文化"，变"经验交流会"为"上清故事会"，开展"跨世纪巾帼教师故事会""在岗25年老班故事会""红烛先锋故事会""点灯行动故事会"等系列活动。枯燥的会议"变脸"后，精彩故事便纷至沓来。

"上清走笔"，修炼教师叙事功夫

仅有思想引领是不够的，生命叙事写作中的技术障碍也必须解决。我们形成了自己的写作修炼"三字经"。

一是"磨"。引入梁衡的"形、事、情、理、典"五字诀作为叙事标准，创造性地提出"思想立场、事发现场、价值收场"的叙事结构，引导老师们反复打磨好题、好段、好细节、好故事、好观点。例如，为了让老师们辨识生命叙事与一般性叙事、随笔的本质区别，我以几则关于学生矛盾的同主题故事展开面对面的研磨指导，提出"生命叙事要突出儿童立场和教育思维"，不是从学生矛盾的故事中去讲述包容与修养的重要性，而是要着力书写有效解决矛盾的方法和智慧。二是"改"。老师眼里的我是不折不扣的"编辑",改稿点评成了我日常工作的重要内容。近三年,我改稿 1000 多篇,其中来自本校老师的文章多达 400 余篇。"文章不厌三回改",我还为优秀的生命叙事撰写"旁观者言"的点评,帮助老师们在一遍遍、一篇篇的改稿和点评中提升叙事功夫。三是"晒"。我的个人公众号"乐乡树人"拥有 1.6 万关注者,吸引了来自全国各地的教师作者参与其中,五年累计推出原创作品 3600 多篇。2020 年春天,我开设"上清走笔"专栏,推送本校教师的生命叙事 400 多篇,一大批新教育写作的骨干作者脱颖而出,"上清走笔"专栏的累计阅读量超过 20 万人次,影响甚广。老师们的文章时不时发表在纸媒和网络平台上,50 多篇好案例在各级各类评选中获奖。

"故事首席",编织教师幸福生活

我认为,校长应该擅长并做好"笔尖下的管理"。每一次的公开讲话,我都当作一次讲故事的机会。疫情期间的三八妇女节,我为女老师们写祝词,一一细数她们居家隔离期间学做馒头、包子的有趣细节。在岗 25 年教师的"老班故事会"上,我怀着敬意为"老班"们的故事做点评。观课时看到老师给予学困生以时间和鼓励,我当即创作了随笔《等待的温度》,把观课记录的细节变成一个有趣的教学故事。为了让教师对"相信种子,相信岁月"的价值观形成共识,我相继写下《让教育看见每一个孩子》《孩子的世界》《五根手指》《教育的节律》《办一所让师生有回忆的学校》等近 10 篇教育叙事。近三年,我以课堂、学生、家长为对象,撰写故事、随笔、案例和评论 500 多篇,在国家、省市级主流刊物上公开发表了 200 多篇。我为能成为师生心目中的"首席故事官"而自豪。有人问我,作为一名校长和语文老师,坚持笔耕不辍,时间哪里来?这样忙碌是为什么？我回答说朱永新教授早就给出了答案：重要的事情总是有时间的。既然选择了教育，就应该像丁磊说的："像个傻瓜一样，为一件事坚持，为一个念头疯狂，总有一天我们会找到想要的答案。"

"价值共鸣"，体悟教育写作意义

写作，是一种高层次的教育生活。从"沉潜"到"上岸"，必然是脱胎换骨式的成长。关丹丹老师坚持每周为班级写"成长周记"，成了家长心目中会讲故事的魅力教师。张慧卉老师以"完美班级"叙事一举夺得湖北省首届班主任基本功大赛一等奖。王芳芳、张莉等老师受邀到省会学校讲述完美班级建设和营造书香校园的好故事。在一篇篇生命叙事中，老师们流露出对新教育理念的理解、认同和共鸣。

教育写作的意义在哪里？它不只是教师专业成长的"法宝"，还是教师克服职业倦怠的"灵丹"，能够帮助自己重构教育景观。因此，我们倡导教师尤其是班主任要做有故事的老师、会讲故事的老师，讲好自己的育人故事，也把自己活成一个好故事。朱永新教授曾说："和文字打交道的人是幸福的人。"今天，这种幸福感已在行动和碰撞中慢慢凝聚、升腾。

"生命叙事"，就是一段在书写中认知生命、演绎教育、享受生活的过程。这个过程，是"幸福而完整"的。这些年来，普通人眼中费时费神、劳心劳力的写作，却成了我们教育情怀和教育思想的源头活水。若干年后，回首过往，一个个故事会带我们走进那些远去的、模糊的岁月。我们会欣慰地说：教过，爱过，还曾写过。

叩开读写之门

江苏省泰州市姜堰区第二实验小学淮海校区　陈冬梅

2021年秋学期,"双减"政策全面落地。作为三年级语文教师,我不禁思考:小学三年级语文学科如何打通课内课外,实现减负提质?如果抓住"读写"这个关键环节,也许可以走出一条新路。经过摸底,我发现,孩子们刚开始学写作文,让他们写出一段通顺的文字来已十分不易,更别说达到其他要求。

经过反复斟酌,我决定开启新的尝试,通过"表扬"和"发表"这两种手段,激发学生的写作兴趣。表扬,可以通过认真观察,找到每个生命的"闪光点"。发表,在这个自媒体高度发达的时代,完全可以在互联网上"实现"。

我告诉孩子们:"老师已经在微信公众号上开辟了一个专栏——'小作家在生长',只要你们愿意写,哪怕写一个令人满意的句子,我就给你们发表,让更多人看到你们的生花妙笔。"这一下,孩子们的眼睛亮了,他们的表现欲一下子被激发出来了。

约定:把美的发现写出来、发出来

我和孩子们约定,只要是我的课后服务时间,所有人都可以去窗外的大千世界,把"精彩"带回来:他们有的凝视着窗外发呆,有的站到桂花树下闻花香,有的爬到香橼树上触摸金黄的果实,有的蹲下身子凝视草地里的虫子。

一名学生下课后抱着一棵树闻了起来,后来他写道:"这棵树的样子还挺古怪的,它不像其他的树笔直笔直的,而是弯弯的,像一个没有吃饱的月亮。我蹲了下来,看见了正在搬运食物的蚯蚓。蚯蚓蠕动着身体,挺像在闹脾气呢!"孩子果然是天生的诗人、作家。

9月,正是秋虫活跃的时候。孩子们的日记成了秋虫嘉年华:"我发现两只蚂蚁撞在了一起,顿时,它们眼冒金星,好一会儿才爬起来继续搬食物……""上课时,有一只蚊子哼着小曲在我的脚边'嗯嗯嗯,嗯嗯嗯……'可是我在上课啊!那小曲声,让我心里很不喜欢。"

孩子们的表达力、想象力出乎我的意料。我将这些稚嫩的语言"发表"在公众号上,转发到家长群。一石激起千层浪,孩子们看到自己的文字发表了,都自豪不已。

家长们看到自己孩子的作品被"发表",纷纷在朋友圈转发。原来,不是孩子们不喜欢写作,是我们没有找到打开他们兴趣之门的钥匙。

点评:拿着"放大镜"去找亮点

在编辑孩子们的习作时,孩子们的生活所见、内心波澜也激起了我的表达欲望:我要给每个孩子头脑里"生长"出来的语言反馈我的体悟。于是,我拿着"放大镜"去看每个孩子的习作,哪怕只有一个好词、好句,也用"夸张"的笔法送上我的点评,好文章都是被"表扬"出来的。

学生江弈辰搞混了风信子和洋葱,写了一篇《"洋葱"》,文中通篇在与花叶对话,很有诗人的情思。一天,每次习作只有只言片语的学生承阳写了一篇关于老爷爷的长文,一个孩子听了我的朗读后检举"他是抄的"。承阳昂着头说:"我没有抄,只是模仿。"我知道,他需要别人看到他。当天晚上,我还是将承阳的这篇习作发到公众号,并点评:哪怕只是路人,进入了你的眼里,你凝视了他,老人脸上的斑"回应"了你,也足以让你的笔端起舞。说来也神奇,这个孩子从此上语文课总是兴奋地回应我,大声地朗读,响亮地发表自己的想法。

在公众号里点评,成了我和孩子们灵魂对话的独特方式。到目前为止,我已经在公众号先后 50 多次推出学生习作集,孩子们发表了 600 多篇长长短短的小习作,我也点评了 600 多次。他们不停地写,我不断地点评、推送,一切都在向着美好迅速生长……

收获:"小作家"们在生长

我发现自从开始"发表"孩子的习作之后,我和我的孩子们有些不一样了。

因为养成了读写习惯,不少孩子的行为习惯得到了改善。瑶同学因为所写的三句话"发表"后得到了大家的认可,改掉了上课交头接耳的习惯。平时喜欢课间打闹的辰同学,现在经常站在窗台边向外凝视。他说:"我只要盯着那棵红树,就有一篇日记了。"最近一段时间,他的习作几乎天天被推出。

持续的写作,让孩子们的阅读兴趣愈发浓厚。每天午读,我坚持用镜头捕捉沉浸式读书图。学生吴雅清在日记中写道:"午读时间结束,老师叫停的时候,全班一阵'哎——',同学们极不情愿地收起了书。"

最近一期公众号"小作家在生长"专栏发表了 23 个孩子的习作,李正浩在 681 字的长文里说:"陈老师,您每天看那么多书,写那么长的文，上那么多的课，站那么久……难道您不会疲倦吗？我猜是因为书里藏着一杯杯咖啡，被您的眼睛饮下，并且只有爱读书、读得懂书的人才会有这种感觉。"这简直就是一个小思想家的智慧箴言啊。

我坚持点评的方式，让越来越多的学生渐渐对我产生了依恋和信任。一天中午值班，学生梓翊贴近我的耳旁："老师，我想跟你说一件事。你可以还像以前一样看我吗？"我知道，他在为年级测试卷上因作文写了诗歌被扣掉20分而不安。我对他说："放心，不会影响我对你专注和灵气的欣赏。"公众号推送的习作，梓翊几乎每次都露脸。我生怕因为一次考分，让一个"诗人"被耽误了。还好他鼓起勇气来对我"表白"，我才有机会善意地回应、安抚一个慌乱的小心灵。梓翊情不自已，送我一文：

赠吾师

初见吾师，美而善，吾悦。然吾羞于言表，未敢询问。而今，师传道、授业、解惑也。吾喜文，善观书。人皆存己爱之师，而吾独爱吾师冬梅也。

写着写着，我开始思考：孩子们的作品是否已经达到可以真正发表的水平？于是我尝试向《泰州晚报》投稿，没想到一个学期下来，竟有20多个孩子的文章陆续见报了。

"表扬""发表"这两个"表"，让每一个孩子蓬勃生长的生命状态被看见，让每个孩子由写作爱上阅读，读写共生，在读写的世界里开出属于自己的思想之花。

在书写中遇见更好的自己

江苏省新沂市行知学校　任敬华

2016年，我初识新教育。从那时起，我带着"弘毅班"的孩子和新父母们，开启了一场共写之旅。都说一起看过风景，才能抵达内心，在相互激励、一起书写中，我们不仅感受到了教育生活的美好，还遇见了更好的自己。

家校信：架起心的桥梁

我始终认为，只要有文字，只要有互动，都是共写。比如，我一直用写信的方式给孩子们送上生日祝福，我喜欢用文字和孩子们交流。

甜甜的爸爸是一名警察，平时因为工作繁忙，陪伴她的时间较少，她一直觉得爸爸不爱自己。甜甜生日那天，我给她写了一封信，她的爸爸听从我的建议，也给她写了一封信。后来，甜甜妈妈跟我说："任老师，女儿回来就主动拥抱了爸爸！您的方法真好，我们以后会经常给孩子写信。"第二天我收到了甜甜的回信，信里感谢我让她成为一个爱写作的女孩，她还在信的末尾给我写了一首小诗。语文课上，甜甜主动走到台前，和同学们分享自己的感受。

书信的力量很强大。甜甜在那天的随笔里写道："我终于知道爸爸是爱我的，他给我的爱也许不完美，但在我心中却最美。"

初三那年，孩子们的学习压力很大。我买了一本笔记本，决定用文字和孩子们交流，给他们减压。没想到他们特别喜欢这种方式。小萱写道："18岁之前一定要做一件到了80岁时想起来都会微笑的事。现在，我能遇见同学们，遇见任老师，和大家一起写这个本子，哪怕到了80岁，我想起来也会微笑。"我对孩子们说，这是我给他们写的书，封面上有"我们不一样"这几个字，这本书就叫《我们不一样》。后来我生病住院，孩子们也给我写了一本"书"，他们给这本书起了个名字，叫《因为遇见你》。在病房里，我边读边流泪，除了感动，更多的是感到了作为一名教师的幸福。

真情诗：传递爱的力量

5月，我们共读了《汪国真诗选》。交流课那天正好是母亲节，孩子们模仿汪国真的风格给妈妈们写诗，一首首小诗发到班级群里，新父母们很感动。雅楠的妈妈没忍住，创作了一首《感谢有你》，涵桥的妈妈紧跟着写下《爱，是一场修行》，陆翔妈妈、柏乔妈妈也纷纷发来文字……群里一下子热闹了起来。

根据新父母的特点，充分发挥他们的潜能，能够弥补学校课堂教学资源的不足，扩大孩子们学习的深度和广度。趁着这个机会，我邀请新父母们和孩子们来一场主题为"遇见"的诗歌创作比赛。

我班的新父母来自各行各业，他们写的诗并不算专业，但每一首都是爱的表达。我觉得很幸运，能够遇见这些孩子，走进他们的生命，陪伴他们一起成长，是一件多么神奇又美好的事情啊。于是我拿起笔，也写了一首《遇见》。后来新教育的志愿者为这首诗谱上曲，作为我们的班歌，孩子们都特别喜欢。活动后，我把我们创作的诗编成了文集，希望孩子们能珍惜生命中的每一次遇见。

随笔集：记录美好时光

这几年来，"弘毅班"的新父母们在亲子共写活动中有了很大改变，也发生了许多温暖的故事。

邢晨在两岁时失去了父亲，跟着农村的爷爷奶奶一起生活。邢爷爷在亲子共写活动中特别积极，说要给孙女做个榜样。《摇着轮椅上北大》的读后感，邢爷爷是第一个交上来的。后来我听说，邢爷爷不会打字，他专门请教了邻居，用一天一夜的时间敲出了这3000多字的文章。我很感动，在班级群里表扬了他，没想到邢爷爷特别激动，他对我说："任老师，我愿意跟着孩子一起读书写作。可是我年纪大了，文化程度又不高，你能不能帮帮我？"我一口答应下来。于是，每隔半个月，邢爷爷都要从家里坐半个多小时的公交车到学校找我修改文章。他听从我的建议，开始记录和孙女之间的点滴生活，偶尔也写写自己的人生经历。我没想到邢爷爷竟然坚持了下来，还出了三本文集。他的故事感染着"弘毅班"的每一个人。

我们拿起笔，开始记录生活中的点滴。每学年，我都会把孩子们的好文章保存下来，制作成精美的文集。除了个人文集，我们还汇编了班级文集、研学文集、新父母文集等，每一本我都亲自写序。

这几年，我总结出"海阅读、深思考、引诗情、宽视野、大分享"的"弘毅读写模式"。在享受诗意生活的同时，我们班的写作水平也突飞猛进。孩子们在各类诗歌作文竞赛中获省市级奖项近100人次，我也发表了班级叙事等近30篇。

只要上路，就会遇上庆典。新教育改变了我，改变了班上的孩子们，也改变了许许多多的新父母。我们以文字编织生活，用写作润泽生命，我们在书写中遇见了美好，也遇见了更好的自己。我们会继续用书香丰盈生命，用笔尖书写传奇！

诗意可抵岁月长，静待"数学"绽芬芳

江苏省南通市海门区东洲国际学校　茅雅琳

近十年来，我坚持致力于"趣动数学"研究，推动学生数学学科写作，收获了许多额外的"奖赏"。2013年以来，孩子们累计撰写数学小论文1000多篇，我们通过对积累的小论文进行研读分析，提出了"趣动数学"教学主张，依次完成了南通市教学研究重点课题、南通市"十二五"规划课题、南通市"十三五"规划课题，江苏省"十三五"规划课题也已在结题阶段。《数学大世界》《启迪与智慧》杂志介绍并推广我们的课题研究，"趣动数学"课程荣获海门区首届卓越课程特等奖。我出版了一本专著，撰写的论文连续三年被人大复印报刊资料全文转载。我的科研成果《初中数学小论文：撬动学习方式变革的实践探索》获得2021年度江苏省教学成果二等奖。

三尺讲台讲三刻，一支粉笔书一生。我在追寻，在探索，用智慧对待教学，用进取开拓未来。开启学生数学学科写作之旅时，我主要基于以下两点思考。

一是对"共读共写"生活方式的期许。"共读共写"是新教育倡导的师生日常生活方式，同时聚焦学生全方位的成长。我虽然是理科教师，但对阅读和写作有着深深的向往和浪漫的期许。于是就有了让"共读共写"从传统的语文学科本位"挣脱"出来，迁移到数学学科中，从而全面提升学生数学素养的构想。

二是对"趣动数学"学习方式的思考。结合 30 年的一线教学经验,我提出"趣动数学"的教学主张,即针对学科特点,教师借助创设情境、设置问题、组织活动等教学手段,学生通过动手实践、动脑思考、动情体验等学习方式,实现从理解数学到热爱数学,从学会学习到主动学习的飞跃。"趣动数学"主要关注学生学习的内在感悟和外在行为。教师除了通过观察学生的课堂表现、作业质量,还能通过什么媒介了解学生对数学的真实感受,了解学生对知识和方法的掌握与理解程度呢?

在实践中探索,在行动中思考,2013 年,我找寻到了一座链接文学与数学、技能与情感的桥梁——数学小论文写作。每月底的周末,是我们班学生最期待的时间,这节课上,没有枯燥的练习,唯有数学的理性与文学的感性交融的特殊作业——一篇数学小论文。

为了用数学小论文记录孩子们数学学习过程中的做法和思考,为了反思自己在教学中到底教给了学生什么,为了和孩子们一起探寻数学学习的高效方式,我和孩子们主要做了以下三方面的工作。

一是赏析优秀数学小论文,掌握写作方法。数学小论文跳出语文的写作模式,不拘泥于文体格式,也没有题材限制,更不刻意追求文笔,唯一的要求就是表达真实的思考。

二是探索小论文的切入口,明确写作主题。在实践中,我们师生共同研究、讨论、摸索,发现了数学小论文写作的五个切入口:

1. 一节新课的学习体会。

如小刘同学记录了"加权平均数"一课的探究过程。那节课,我给出的课题是"今天我来当老总"。

2. 一个概念的深刻剖析。

如小李同学编了一个童话故事,解释了射线与角之间的联系。

3. 一类题型的归纳总结。

如小施同学写了一份用户手册，她这样写道："客户您好，欢迎使用因式分解注意事项手册……"她在手册中给用户总结了因式分解的注意事项。

4. 一个规律的探寻历程。

如小刘详细描写了他的"刘氏代数式"的产生过程。

5. 一种方法的推广运用。

如小张介绍了用"截长补短"解题的多种方法。

三是采用不同的方式，鼓励学生坚持数学写作。

1. 逐篇阅读，中肯点评。

学生们递交的文章我都认真阅读，每篇都给出中肯的点评："你巧妙地创设了一个童话故事，将射线、角等几何元素拟人化，借助射线想要组成角这样一个活泼轻松的场景，深刻诠释了角的定义，看得出来你已经很好地理解了这个概念的本质"；"将行程问题放入童话故事情境中，激发了同学们阅读的兴趣，文中还设置了问题，用于提醒同学们解题时要看清题意，以免出错，文章设计得非常巧妙"；"结合具体例题，剖析了解题的心路历程，运用诙谐轻松的语言，梳理了因式分解的注意事项，对其他同学有很好的启发和借鉴作用，佩服你的创新"……

2. 精心修改，展示发表。

我一直担任班主任工作，为了给全体学生提供展示才华的平台，我专门开通了"茅雅琳学生成长工作室"班级微信公众号，将学生写的优秀数学小论文在"趣动数学"栏目进行展示，选出突出的作品，积极投稿发表。到目前为止，有103篇小论文在公众号刊登，8篇小论文在《初中生世界》等报刊刊发。

3. 细心观察，因材施导。

小陈是一个活泼可爱的男生，但做事马虎，表现浮躁，解题速度很快，正确率较低，成绩处于班级中等偏下的位置。由于小论文质量不佳，班级公众号没有选登他的文章。有一次，他在发给我的文章后面特意附上了一段文字。他首先陈述了所用时间之久，其次又表达了态度之端正，最后怕文章有不足之处，得不到青睐，又非常谦虚地希望我能够指正。我认真阅读，帮助他修改了一些小问题，第一时间帮他刊登，并适时谈心点拨。自此以后，小陈对数学学习的热情越来越高，数学课上的表现也越来越积极、沉稳，自我期待也不断提升，后来顺利升入了本区优质的高中就读。

九年来，"趣动数学"小论文写作赋予我和学生积极看待世界的能量，读数学，读自己，读世界，以阅读和写作，链接未来，对接成长。

"教育是一首诗，诗的名字叫未来。"是教育，让漫漫岁月充满希望和挑战；是数学，给平淡生活带来浪漫和芬芳。让我们把思考带进课堂，用写作沟通心灵，用激情照亮我们的教育人生。

一场关于生命的超越之旅
——科学学科写作叙事

河南省开封市贞元学校　石星星

孩子自呱呱坠地起,就通过各种方式认识世界,科学是其中一种。科学教育,就是让孩子以自我生命为主体,培养科学学科核心素养,即学会用科学的眼光观察世界,用科学的思维思考世界,用科学的语言表达世界。

贞元科学课程贯通小学至初中,致力于培养孩子的科学素养,让孩子们像科学家一样去探究自然万物。在用科学的方式观察世界、思考世界、表达世界的过程中,孩子们作为人的主体性也不断挺立、彰显。其中,写作是促进儿童思维发展与生命成长的重要通路,不同年龄阶段儿童的认知发展水平不同,写作诉求与写作方式自然也不同。

小学低段(1—2年级)"我手写我心",画一幅画、种一株植物、图文写绘等,都是与自然互动的方式。

到了小学中段(3—4年级),随着孩子的感官体验越来越敏锐,大脑会越来越有逻辑,需要用更加具象、科学的方式认识世界。我们引入生命科学知识,让孩子去观察一朵花或一种动物,像科学家一样聚焦形态,探究它在危机四伏的自然环境中如何求生,最后通过写绘呈现生命的形态结构及生存策略,并结合诗歌创作进行编织。

例如，三年级的轩同学在研究完泡桐后写道："泡桐万花开，一阵起香浓，轻拈几缕香，一束去他乡。"四年级的希同学在动物课程结束后，创作了诗歌《生命树》："从原始到现代，从蛮荒到文明，自然更迭数十亿年，生物演变从未止步……生命树，这天赐的礼物，因为'变'，我们才能成为我们。"通过这种方式，感性认知与理性之思完整地浸润着孩子们的生命。

在小学高段（5—6年级），我们引入天文和地理知识，用逻辑严谨的思维导图与论文打开孩子们的视野，训练科学探究思维，激发学科热情。

科学没有绝对的真理，一切结论都只是临时性共识。描述自己观察到的现象，在此基础上提出问题、做出猜想，通过科学建模一步步推理、分析，设计实验去证实或证伪猜想，最终达成一个临时性共识，这就是科学探究的思路，思维导图就是探究历程的呈现。泽同学说："我觉得科学就是探索的过程，通过探索，这些知识好像是被我们发明创造出来一样，使我们非常有成就感。"

为了顺利推进课程，启发孩子们对自然的好奇心，3月的夜晚，我们在草地上弹吉他、仰望星空，一起观察天象、星座，孩子们还自发创作了3月月相表，手绘月相日历。冰同学说："从前我觉得星星就是石头而已，现在我觉得它们都是活的，是有意义的。不单是星星月亮，甚至黎明前发出的一束光都充满生机。"一颗颗敏感纤细的心被不断擦亮，鲜活的生命故事也不断发生。

天文激发了孩子对自然的好奇，地理则拓宽了孩子们的视野。"世界地理"课程依次探究四大洲，先聚焦地之理：通过读图认识大洲的边界线、地形地貌、山川河流；接着探究人之文：早期先民会选择在哪里生活？在这里如何生活？他们会诞生怎样的文明？这些文明是如何发展的？最后结合课堂探究和自我体会，以论文的方式呈现思考结果，孩子们能够相对清晰地把握论文结构与对话逻辑即可。一个学期下来，学生们人均写作论文 6 篇，平均每篇 1500 字，都包含着他们满满的思考。宸同学说："我现在明白了，文明早期的发展受制于地理环境，人的创造性也极其重要，文明是人与周围世界互动的结果……我用'上帝视角'重新审视这个世界，虽然地球就在我们脚下，但我从未这么仔细地看过它，现在我能更好、更深刻地看世界了！"是的，我们要为孩子们的未来世界打开一扇扇新的天窗，让他们看到房屋之外的另一片天空。

进入初中，孩子们具备了基础的学科素养，自然而然地迈入了科学写作的新台阶，经由写作实现自我的成长。

以初中生物写作为例，初中生物研究整个生命现象及活动规律，课程以进化原理为暗线，基于生物体结构揭示生物生存之道，帮助孩子建立生命内在动力系统，去找寻生命的方向与意义。此时的科学写作也包含以下三个方面。

课堂实验报告单：严格按照"观察现象—提出问题—做出猜想—设计实验—得到结果与结论—提出新问题"的路径呈现，不仅要记录实验过程，更要梳理逻辑思维。

单元思维导图：旨在梳理本单元各节内容之间的内在逻辑，形成系统化的思维网。

论文写作：既是观念的梳理，又是激发潜能的新创作，更是与自我生命的连接与打通。

例如，八年级下册课本聚焦"生殖与发育""遗传与变异""生物技术""生态系统"等内容，这些对人类而言既重要又充满争议的话题不仅涉及前期观念的应用，更是进一步拓展视野、思考生命的重要台阶。此时的写作是对课堂探究的梳理，更要与孩子当下的生命发展与困惑产生深度连接，对生命哲学进行发问、思考。洋同学在课后的写作中以裸虫自比，讲述了《一只裸虫的生命超越之旅》，从本能层到情感层再到理性层，最后上升到德性层，通过层层推理，明确人之为人的独特与光辉，思考生命存在的意义。镁同学说："直到现在，我才意识到生物学科并非是某种纯粹的理科与硬性的记忆，而是引向一种哲学思维。哲学永远是关于人类本身的学科，而生物学科讨论的就是人类自己，其本身就是一种引领，拥有推动精神发展的力量。"

总之，论文写作是孩子与科学学科的对话，是逻辑理性的训练，但并不限于此，更重要的是藉由这门学科带给孩子们生命的启迪与引领，它更是生命科学，关乎生命成长、关乎人之为人的独特性，要在每一个独特的成长阶段为孩子们澄清某些问题，帮助他们去寻找生命的方向、价值和意义。

为全民写作探路

——新教育写作评点与随想

李庆明

听了十几位老师的讲述,有很多感触,一个总体感受是:新教育写作是在为中国的全民写作探路。

朱永新先生曾说过:"如果说阅读是站在大师的肩膀上前行的话,那么写作就是站在自己的肩膀上攀升。无论是教师、学生还是父母,为了写得精彩,就必须做得精彩、活得精彩,而精彩的写,又能促使我们更加精彩地去做。通过坚持不懈地努力,慢慢养成习惯,阅读、思考、写作便成为我们的日常生活方式,随之终身受益。"

新教育实验一开始就高度重视写作,启动了"师生共写随笔""培养卓越口才""教育在线"博客写作等项目,可谓硕果累累。如今,新教育在全民写作、互联网写作的时代洪流中,在国家建设高质量教育体系的背景下,再次聚焦写作主题,意义非凡!

我谈几点学习体会。

绚烂多姿的新教育写作

下半场的六位老师的讲述以缩影的形式呈现了新教育写作的景观。

一是不同凡响的语文写作。

首先令我印象深刻的是江苏泰州姜堰第二实验小学淮海校区的陈冬梅老师《叩开阅读之门》的讲述。从她的写作园地走出了一群"小作家"。

语文写作是学生写作的主阵地，永远值得深耕细作。语文写作的成功深刻影响学生全部写作的心态和生态。但它常常是孩子遭遇写作滑铁卢的地带。大家不爱写作，害怕写作，不愿写作。陈冬梅老师的探索给我们深刻的启迪。

陈老师的故事告诉我们：她身边的"小作家"肆意生长，以至于《泰州晚报》把"小作家"栏目的编辑权都交给了陈老师，可见陈老师所带学生的写作水平之高。但孩子文采斐然、风格不一的生花妙笔并非在孤立逼仄的作文训练、机械采集"好词好句"等做法中获得。它得益于新教育独树一帜的常态化"一日阅读"，也即"晨诵·午读·暮省"的额外奖赏，得益于陈老师自身坚持不辍的写作的感召，得益于她"拿着放大镜看见孩子的亮点"和"把美的发现发表出来"的"两表"（表扬和发表），得益于她用"小作家在生长"微信公众号为孩子搭建的平台，从而印证了布考斯基说的"什么也不能拯救你，除了写作"的见解。如何把语文写作做得更好，陈冬梅老师为我们树立了一个标杆。

二是别开生面的学科写作。

新教育的学生写作超越了语文写作，在各学科领域遍地开花，形成了"全学科写作"的新景观，并向我们展现了通过全学科写作，让写作成为孩子重要的学习工具，也即国外跨学科写作所谓"以写促学"的新理念和新视域。

江苏省南通市海门区东洲国际学校初中数学老师茅雅琳在《诗意可抵岁月长，静待"数学"绽芬芳》的讲述中以她倡导和践行的"趣动数学"结出的数学写作果实，赋予了数学以美感与诗意。这特别不容易,初中和高中要面临中考和高考,这时老师还能够通过教学模式的引领,吸引学生从事数学写作,难能可贵。

茅老师致力于"趣动数学"研究,找寻到一座链接文学与数学、技能与情感的桥梁——"数学小论文"写作。每月底或周末,学生亮出数学理性与文学感性交融的特殊作业——数学小论文。她以优秀数学诗文欣赏为基础,以表达真情实感为目的,以"一节新课的学习体会""一个概念的深刻剖析""一类题型的归纳总结""一个规律的探寻历程""一种方法的推广运用"等为写作主题切入口,让数学学习走出一条诗意的路径,让学生成长的地方绿草如茵,鲜花盛开。不到九年的时间,孩子们累计撰写数学小论文1300多篇。

河南省开封市贞元学校科学教师石星星的《一场关于生命的超越之旅——科学学科写作叙事》,则用"科学写作"研发打开了一束照亮科学教育的光。石老师对科学教育表达了自己的见解,独具慧眼地把"用科学的语言去表达世界"的科学写作提升到了科学核心素养的高度。

石老师令人信服地表述了小学不同年龄阶段儿童科学表达的目标与方法。她认为,小学低段和中段主要以写绘呈现认知发展,我手写我心,观察一朵花、一个动物,加以科学理性的解释,最后用写绘的方式表达自己的认知,涵盖生物的形态结构图及生存策略,也能体现自己原有观念的更新与思考。她甚至鼓励孩子们进行诗歌创作,认为这是与生命进行链接最好的方式,是感性认知与理性之思的完整表达。小学高段乃至初中的科学教育,则结合科学阅读和影视欣赏,引导孩子冲破现象迷雾进一步探究,走进更理性客观的领域窥探地球科学和物质科学领域的本质,从事科学论文写作。石老师以五年级课程穿越及落实为例分享了科学写作的两个精彩案例。人均论文6篇、人均字数1500,甚至有孩子每篇字数达到5000,这骄人的成绩揭示了科学写作"以写促学"的真谛!

三是成就自我的教师写作。

教师写作是成就自我、提升自我的一种重要手段。新教育写作不仅在学生学科写作上有突破性建树，而且在教师写作领域起步很早，独领风骚，影响巨大。湖北省松滋市实验小学黄华斌校长的实践堪称教师写作的新型典范。

黄华斌校长在《以笔为马，奔赴教育的诗和远方》的讲述中介绍了他们学校教师团队的"生命叙事"特色。学校借助新教育"生命叙事"的理论和独特方式鼓励教师写作，他从五个方面介绍了他们的做法。

首先，通过"项目驱动"，营造教师叙事场景。取消各类常规工作总结，代之以"教育叙事"，这很不简单。我做了20年的校长，也没有完全做到这一点，但后来越来越觉得教师叙事，包括管理人员、校长的叙事实在太重要了。

其次，通过"会议分享"，听到教师拔节声音。变"教师例会"为"榜样故事会"，变"班主任例会"为"优秀案例叙事研修"，变"读书会"为"读思会"，促进教师口头和书面写作。

第三，通过"上清走笔"，呈现教师生长模样。黄校长在自己的公众号开设了"上清走笔"专栏，专门推送教师的"生命叙事"，成为有影响的地方品牌公号。

第四，通过"故事首席"，编织教师幸福生活。以前我们讲校长是"课程首席""教研首席""教学首席"，黄校长则把自己变为"故事首席"，编织教师的幸福生活，其实是用写作作为学校管理的手段，用黄校长的话就是做好"笔尖下的管理"，不放弃校长讲故事的机会，不是长篇大论布置事务，而是一有机会就讲述自己的故事，并和教师一起营造幸福的教育生活。

第五，通过"叙事研究"，助力教师找到门道。教师的成长和他的研究方式、模式、路径是有密切关系的。我们以前甚至现在还在要求教师写正规的论文，但是黄校长抓住教师成长的独特性，以叙事研究的方式，引入梁衡的"五字诀"即形、事、情、理、典作为"叙事标准"，形成写作策略体系。

四是和谐共生的共同体写作。

共同体写作是新教育的一大创举。共读共写、共同成长，成为建设教师命运共同体、学校命运共同体和教育文化共同体的必由之路，成为朱永新先生所说的共同体每个成员心灵的窗口、灵魂的寓所、青春的阳台，人生最宝贵的精神财富。在下半场的讲述中，有两位老师向我们呈现了共同体写作的一些很有意思的做法。

首先是来自江苏省新沂市行知学校的任敬华老师在"弘毅班"共写随笔中让每个人"遇见更好的自己"。

任老师的《在书写中遇见更好的自己》的讲述向我们介绍了她带领"弘毅班"的孩子们和新父母们开启共写之旅的故事。他们通过"家校信：架起心的桥梁"，通过"真情诗：传递爱的力量"，通过"随笔集：记录美好时光"，在相互激励和一起书写中，不仅感受到了教育生活的美好，还遇见了更好的自己！

任敬华老师总结出"海阅读、深思考、引诗情、宽视野、大分享"的"弘毅读写模式"，在享受诗意生活的同时，孩子们的写作水平也突飞猛进。这几年，孩子们在各类诗歌作文竞赛中获省市级奖近100人次，有的被中国家庭报等平台选用。任老师也发表文章近30篇。

其次是山东省滨州市逸夫小学卢振芳老师的"师生共写"结成心灵密码，让大家享受风景无限。

卢老师《情满心怀，花开笔尖》的讲述一开始就以一段话深深吸引了我们："如果有一粒种子可以开出绚丽的花把整个春天留住，这粒种子便是新教育；如果有一种力量可以结成心灵密码享受风景无限，这种力量便是师生共写。"

从2014年与新教育"师生共写"结缘，从"海燕班"到"溢彩童年班"，从"扬帆班"到"太阳花班"，共写成长了四批孩子，也让卢老师青春焕发，更体验到和学生共同编织的幸福。从"引领启写""活动助写""激励促写"的"启航：上路"，到"种植导写""拓展扩写""激励促写"的"激趣：追逐"，再到非同一般的"回响：收获"，卢老师一直做"有故事的老师"，让学生沐浴在故事里。学生们继续他们的日记，让日子生活在幸福里。七年陪伴下，四届学生的"温暖故事"突破百万字，在各类杂志发表文章无数，在作文大赛获奖无数，教师也发表文章10余篇。师生共写让卢老师倾心于诗意的生活、醉心于美丽的过往，找到了年轻时的幸福模样。

写作的"秘诀"

新教育写作与新教育阅读一样，硕果累累，光彩照人。何以如此，有无秘密？这些精彩的叙事对我们进入新教育写作的堂奥有何启迪？

我们看到，市面上有大量的关于"写作秘诀""写作宝典"的著作，可以说是琳琅满目。好多人认为写作是有"秘诀"的，对此，我很谨慎地加上一个双引号，表明我自己对于写作是否有"秘诀"还有点说不清楚。我现在能做到的是先把自己各种杂乱的想法"清空"，然后回到一个原点上，谈谈对写作"秘诀"的看法。

首先要承认的是，写作是难的。

这里套用了苏格拉底的一个说法，当年苏格拉底和弟子们在谈论"美"的问题时，说了一句"美是难的"，美到底是什么？说不清楚。大家七嘴八舌，说美是这个，美是那个，这是美的，那是美的，最后苏格拉底说了"美是难的"这样一句看似定义又根本不是定义的话。

写作也是难的。杜甫说:"文章千古事,得失寸心知。"文章是不朽之盛事,但个中的酸甜苦辣,只有自己知道。美国作家库尔特·冯内古特甚至说:"我在写作时,感觉自己就像是个四肢全无、只能用嘴叼着蜡笔画线的人。"

不少人,包括学生、教师、家长等,对阅读乐此不疲,却对写作望而生畏,望而却步。我在招生期间让家长写作,很多家长非常惊讶、紧张和犯难。"怎么还让我们写作啊?!"阅读是输入,主要是读者与文本的关系,相对比较简单;写作是输出,则涉及写作者、生活、读者、媒介等之间复杂得多的关系,还与作者的个人素养,对现实生活的观察与感悟,对读者心理的预期与认知,对写作过程的思考与表达等有关。因此,相对而言,写作遇到的困惑更多,难度也更大。

但写作与阅读的关系是如此密切,它们仿佛一对孪生兄弟,如果只有阅读而没有写作,只有输入而没有输出,你就只能做个"没嘴的茶壶",你就只能过一种封闭的人生。

尽管写作是难的,但我又要特别强调:写作并不神秘!

我在中学时代就爱上了阅读与写作,那时还在"文化大革命"时期,因为崇拜自己的语文老师,背过《新华字典》《成语小字典》,抄过陈望道的《修辞学发凡》、王力的《诗词格律》等书,写过一些古诗和现代诗。

大学读的是中文专业,那时写了很多论文、诗歌,包括青年时代必写的大量书信等。1981年我大学毕业进入师范学校工作,继续以读书和写作取乐。写过大量诗文,发表或出版过不少学术论文或著作,有300多万字,涉及文史哲等领域,仅仅教师百科全书的词条,我一个人就写了20多万字。不过也还有五六百万字涉及文学、哲学、历史、教育的文稿束之高阁,羞于见人。现在退休了,再回头看看这些文章,觉得有的观念、见解还可以,准备加工加工,再拿出来发表。

写作到底有没有"秘诀"？我结合这次年会六位老师或校长的讲述，以及我个人、弟子和闺女李筱寅的写作，谈谈自己的看法。闺女从小就很喜欢写作，但我从来没有指导过她，她也从未进过什么"写作班"，却写过不少童诗，小学写过文学评论，比如评论过王熙凤，拿过奖，上大学不久还出版过小说集。"秘诀"在哪里？其实不复杂。写作难，但并不是高不可攀的。新教育写作追求平民化、大众化，并不追求像作家那样，特别是现代主义、后现代主义作家那样写作。那样的作品不要说写了，看都看得很累，比看论文还要累。

那"秘诀"究竟在哪里呢？说得通俗一点，我觉得写作有四大"秘诀"。

一是"源：感物而动"。

写作是有源头的。用古人的话来说，叫作"感物而动"。总有什么让你有所感触、感受，就成了写作的素材。写作来源于生活，这是写作的第一原理。刘勰就说："岁有其物，物有其容；情以物迁，辞以情发。"这句话基本上把写作最基本的"秘诀"揭示出来了。关于这一点，刘勰在《文心雕龙·物色篇》里说得非常详细，就是讲"词"与"物"的关系，"文章"与"生活"的关系，比如："是以诗人感物，联类不穷。流连万象之际，沉吟视听之区；写气图貌，既随物以宛转；属采附声，亦与心而徘徊。"我们要"过一种幸福而完整的教育生活"，因此，新教育写作一定要植根于我们以幸福完整为价值取向的教育生活。在广义的教育生活里，孩子的生活、教师的生活、家庭的生活、社会的生活、精神的生活，都可以成为写作的源泉，你只需要细心地观察，细心地积累。有了这个源头，就不必担心不会写作，或者写作很难。所以，应当强化生活的感受、生活的积累和生活的感悟。

二是"流：以读促写"。

生活是"源"，那有没有"流"？有，那就是阅读，就是"以读促写"。

茅盾文学奖获得者徐则臣说过一句话："如果我有十分的时间，六分用来阅读，三分用来生活，一分用来写作。"他把阅读看得如此重要。也许你可以改为"六分用来生活，三分用来阅读"，但阅读的分量还是很重的，比单纯搜肠刮肚地写作重要得多。生活是"源"，阅读是"流"，二者结合，写作才能源流汇响，吟歌而进。所谓"熟读唐诗三百首，不会作诗也会吟"，就是这个道理。当然，这里要提醒大家的是，"以读促写""读写结合"不能像科举应试那样，把读的经书和写的文章完全没有区别地缠结在一起，写作的文章无一字无来历，这样的读写结合不可取，应该摒弃，在读和写之间保持一种张力，不是全信书，"尽信书则不如无书"，要在阅读中领会作者对生活的悲剧、喜剧和正剧的理解，在阅读中发现作者独特的表达和修辞技巧，反复咀嚼，读着读着，就把对作者生活的理解和修辞的应用慢慢汇入自己的内心，化为己有。那时，"熟读唐诗三百首，不会作诗也会吟"，就是自然而然的了。

三是"心：情动于衷"。

用《毛诗序》里的话来讲就是："情动于中而形于言。"写作是有心理活动的。单纯有生活，有阅读，没有心理活动，就不可能产生写作。在写作过程中，感情是最重要的，因为感情是一种驱动力，而且贯穿在写作过程中，应当像刘勰所说的那样"缘情而缀文"，而不能"为文而造情"，现在的语文写作就有类似的问题，只有用感情来写作，阅读者才能"披文入情"。当然，写作的心理不单纯是情感，写作的"情"与"理"，与"构思"，与"思维"，与"想象"等都分不开，写作是把真情、深思、构想、想象等融为一体的心理活动，只有那样，才可能写出好文章。

四是"辞：咬文嚼字"。

写作最终需要借助语言的表达，也即修辞，包括谋篇布局、遣词造句、推敲琢磨等。"鸟宿池边树，僧敲月下门"，究竟是用"推"呢，还是用"敲"呢？这就需要琢磨，就需要训练。当然，你有写作天赋，或者写多了，修成正果了，可以不假思索地"出口成章"，就能"一挥而就"，但是为了求得进步，或者为了精益求精，就需要经历咬文嚼字式的训练，所以朱光潜先生在《谈作文》中就指出："天资和人力都不可偏废。"尤其是初写的人，得需要一些训练。有的人写作"不打腹稿"，有的人需要"打腹稿"，这里面虽然没有明确的界限，但一般还是需要"打腹稿"，也即需要"构思"，需要训练。那些一流的作家，一流的诗人，大半都经过刻苦的推敲琢磨的训练，要经历"两句三年得，一吟双泪流"（贾岛）的苦吟，"为人性僻耽佳句，语不惊人死不休"（杜甫）的坚毅。我们今天的叙事老师们都有这样的体会，可能都是改了一稿又一稿，并非一下子就出口成章的。所以，我认为写作就这么多"秘密"了，还有更复杂的吗？当然有。如果你想成为大作家，你可以研究各种不同流派和不同主义的写作，那也没有问题。但从教育写作平民化、大众化、全民化的角度来看，我觉得，无非也就这么四条了，如果这就叫"秘诀"的话，那就叫"秘诀"吧。但在我看来，它们还真不是什么"秘诀"！

"全民写作"时代在召唤

新教育阅读为推动全民阅读贡献了一批影响很大的成果。朱永新先生作为国家阅读形象大使，在推动中国的全民阅读方面居功至伟。

全民阅读与全民写作结伴而行。教育的大众化、民主化，必然促进阅读的普及化和写作的普及化。同时，随着网络的普及，自媒体的诞生与迅猛发展，网络写作必然与网络阅读并存，一个"人人都是写作者，人人都可能成为优秀写作者"的全民写作时代正向我们款款走来！

首先，全民写作带来"读写互动"的学习革命。

以前我们讲"读写结合"，总是认为"读"（学）是"写"的基础，其实，我们忽略了"写"也是"读"（学）的重要工具。为什么在全世界推行"跨学科写作""全学科写作"或"全域化写作"？不只是为了提高写作能力，也是为了通过写作提高阅读、学习能力。真正的读写结合既要以读（学）促写，也要以写促读（学）。

其次，网络写作助推全民写作。

我国的网络写作已有20多年发展历史，具有强烈的大众化、多元化、个性化、小型化、散文化、连续化、多媒化、交互化、娱乐化等特色，利用网络平台，讲述个人、家庭、职场、社会、国家乃至人类的故事，涌现出一大批优秀写作者，与主流文化相映成趣。

网络写作生态的激活与"Z世代"的崛起密切相关。"Z世代"是指"X世代"（1965—1979年间出生）、"Y世代"（1980—1994年间出生）之后的1995—2009年间出生的一代，他们伴随移动互联网、手游、动漫等成长。他们个性鲜明、视野开阔、理性务实、独立包容，是写作和阅读的双重主体。从"心理年龄"或"社会年龄"的角度讲，人人都可以加入"Z世代"，成为它的宠儿。

新教育一开始就十分重视网络写作，"教育在线"曾催生出一大批网络写手，为全民写作奠定了一定的基础，可以说是借助网络推动全民写作的一次大型演练。如今，网络世界已经进入了"移动新媒体"时代，希望新教育的网络写作能更上层楼，人才辈出，每个新教育人都可以借助智能化平台，书写精彩人生。

这就是我听了几位老师的讲述后产生的一些感受和随想。最后，我把这句话送给大家：

践行新教育写作，共创全民写作时代！

教育写作是为什么

——兼谈三类教师的教育写作

李镇西

2022年新教育实验年会的主题是教育写作。听了年会上老师们的讲述，我很有收获。这里简单谈谈我的感想。

郝晓东老师的讲述，给我们展示了一群有理想的新教育人的写作追求。熟悉新教育的人都知道，专业阅读、专业写作和专业交往是新教育教师发展的"吉祥三宝"。"新网师"本身就是专业交往的方式之一。晓东主要谈的是"新网师"的写作。我们从他的讲述中，看到了一群人在写作中的成长。在这个团队中，老师们彼此激励专业写作，互相分享故事心得，获得共同的成长。我特别欣赏的是，"新网师"引导老师们感受到"写作有伴""写作有用""写作有趣"，解决了教师写作中"不愿写""不会写""没时间写""不能长期写"的难题。这对其他老师特别有借鉴意义。

张菊荣的讲述，给我们展示的是写作由一个人感染到一群人的故事，让我们看到一个人的坚持带来了一群人的坚持，一个人的成长影响了一群人的成长。校长作为管理者，首要的任务是培养教师、打造队伍，而培养教师成为阅读者、思考者和写作者，至关重要。但是，这里的培养，不是布置教师去做，或者通过所谓"制度"去"强制"教师必须做，而是校长要示范。校长自己热爱阅读、积极思考和坚持写作的行为，就是对教师最好的培训。所谓"最好的管理莫过于示范"，同样体现于教育写作。在这方面，张菊荣还有许多有趣而有效的创意，做得非常好。他的写作经历和影响教师的故事，让我再次感到，一位好校长就是一所好学校，因为他首先带动影响了一批好教师。而带动和影响的重要途径之一，便是教育写作。

第三位讲述者是管建刚老师。我很早就关注管建刚老师了，觉得这个小学老师很了不起，不但作文教学有一套，而且自己著书立说也很突出。但我也不特别惊讶，因为在我看来，语文教师嘛，能写不是应该的吗？这是你的专业呀！这次听了他的讲述，我才知道，原来他从小是一个不喜欢作文也怕写作文的孩子。而现在他之所以能够20年写20本书，不是因为他会写才让他坚持写，而是坚持写才让他会写，也就是说，是写作实践本身让他发现了自己的写作潜力，慢慢培养了自己的写作兴趣，更提升了自己的写作能力。他的经历对一线老师极具启发性，在目前的许多普通老师中，还沉睡着多少曾经怕写作的"管建刚"啊！基础不是问题，时间不是问题，内容不是问题，兴趣不是问题，年龄不是问题，问题是你愿不愿意去试！你不试试，你怎么知道自己行不行呢？

第四位讲述者是幼儿教师季红梅。她在幼儿"写作"方面进行了有益的探索。本来，从严格意义上说，写作特指用书面文字表达思想感情的行为，但对幼儿来说，还不会文字的时候，用涂鸦的方式来表达自己的想法，或者描述自己的故事，这也是一种特殊的写作，或者说，是写作的基础、雏形与前奏。因此，新教育实验也把幼儿的绘图纳入写作的范畴。在这方面，季红梅老师的讲述，为我们精彩生动地展示了旺苍幼教人的有益探索和成果。按我的理解，他们引导孩子写画，不是单纯美术意义上的绘画，而是用孩子能够掌握的方式，描述他们的生活、他们的想象和他们的成长。而且，这种写画，还培养了孩子的观察力和想象力，这其实就是创造力的培养。让孩子们体验到成长的快乐，这正是新教育幸福完整的教育生活在幼儿身上的体现。

南京的赵仁菊老师给我们带来了他们通过"励进百分论坛"促进教师读写成长的故事，这是很有创意同时也很有成效的一种做法。我是语文教师，知道学生语文能力由"读写听说"四大要素构成，这四大要素互相有着密切的关联。巧了，幕府山庄小学的教师写作，也是与读、听、说相联系的。他们组织专业阅读，点燃思想火焰，学习表达技巧。他们聆听窗外声音，拓展胸襟视野，丰富写作源泉。他们开展教育叙事，以生命影响生命，以故事引发故事。这一切，都将教育写作置于整个教育生活的大背景下，而不是为写而写的孤立行为。所以，该校教师获得积极而快速的成长，办学品位不断提升，赢得良好的社会声誉，就一点都不奇怪了。

最后一位讲述的老师是胡艳，这是我的李镇西博士工作站的老师，我对她非常熟悉，也可以说，我见证了她在新教育中的成长。胡艳说，她是把爱好当教育，而把爱好当教育的老师是不知疲倦的，因为从爱好中能够享受幸福。胡艳不仅自己享受教育幸福，还把自己的爱好"传染"给学生，让学生也享受教育的快乐。胡艳爱戏曲，便让许多孩子成为戏曲迷；胡艳爱写作，便让许多孩子成为写作者。胡艳是语文教师，但她和孩子们的写作，已经不是一般意义上的作文教学，而是和戏曲相联系，成了某种意义上的艺术写作，而学生在这样的写作过程中，提高的远不止语文写作能力，更有艺术鉴赏能力。我还要说明的是，胡艳至今也没有出书，好像发表的文章也不多，她的文字更多的是在自己的公众号"艾弥儿的胡言胡语"上，每篇文章的点击量也不太多，但胡艳从来都不因此而失去写作的兴趣，因为在她看来，喜欢并享受，就是最好的奖励，对《红楼梦》对戏曲是这样，对写作也是如此。我将继续关注胡艳的成长。

六位老师从不同的角度谈了教育写作给他们或他们所在学校的老师带来的成长变化，值得我们借鉴和学习。他们的讲述引发了我的联想，我想到了自己，因为我也是一个教育写作者，而且是坚持了40年的教育写作者；我也想到了其他通过写作得以迅速成长的老师。这里，我想借此机会，和大家分享一下我的感想。

我想把教育写作者大体分为三类。

第一类是本来就热爱写作，而且多少有点写作天赋的教师。比如我，我从小就喜欢写作，而且无论读小学、中学还是大学，我的作文都比较突出，经常被老师作为范文在班上读。所以后来我参加工作后，非常自然地将写作融入我的工作，每天都自然而然地记录我的教育。那时候没有想过什么"通过写作促进专业成长"，但我几乎每天都在写。说实话，那时的写作一点功利色彩都没有，没想过发表，更没想过出书，纯粹就是一种跟每天都要洗脸、刷牙、吃饭、睡觉一样的习惯。但在日复一日的写作中，我自然而然地有对每一个教育行为的思考，包括剖析与反思，这一切毫无疑问会反过来影响我的教育行为，久而久之，我感觉自己的教育更加从容了，或者说，自己更加富有教育智慧了。这不就是成长吗？随着岁月的流逝，水到渠成，我自然而然就出版了几十本著作。这是教育对我的馈赠。

我团队的李迪，是郑州工业学校的音乐老师兼班主任，也是天生热爱文学，且有写作天赋，和我一样，边教边写，也出版了不少著作。包括我在内的这类教师的特点是，把文学梦托付给教育，同时在文学中获得教育成长。

第二类是以前并不喜欢写作，也不觉得自己擅长写作，但是写着写着，咦，发现自己还行。比如刚才为我们做分享的管建刚老师，他一再说从小就不喜欢作文，是后来参加工作时慢慢爱上或者说习惯于写作的。这种情况就是我前面说过的，通过写作发现自己。如果说我是先恋爱后结婚，即先热爱写作，然后坚持写作，那么管建刚算是先结婚后恋爱，即先写起来再说，写着写着就爱上写作了。

由此我还想到我团队的另一位老师，就是南京芳草园小学的郭文红，她是我们新教育的"个体户"，曾经在栖霞年会上做过分享。她是和李迪同一批于2007年底拜我为所谓的"师"的，当时我就曾对她说，要向李迪学习，拿起笔记录自己的教育，你做得很好，还要写得很好。但她总是不自信，说自己教数学，没有写作天赋，直到加入了"新网师"，才被动地、勉强地开始了写作。

她开了一个公众号叫"朴素小屋"，刚好她新接了一个一年级的班，于是她每天都记录自己的教育故事，里面包括特殊孩子转化、家校合作技巧、班级管理智慧、儿童沟通艺术，等等。里面大多是千字文，夹叙夹议，很受欢迎，读者越来越多。开公众号仅仅三个月，就有三家出版社不约而同地联系郭老师，说要给她出书。当时郭老师很惊讶，问我："我这些文章能够出书吗？有价值吗？"我说："出版社是要公开发行的，你这些文字没有价值他们会主动给你出书吗？"后来长江文艺出版社为她出版了《给一年级家长的建议》，很受家长们欢迎。

我讲这个故事就想说明，坚持写作的过程，其实也是一个不断发现自己，或者说挖掘自己潜力的过程。无论是管建刚，还是郭文红，他们现在都是全国名师了，而他们的"名"在很大程度上是"做得好"基础上的"写得好"带来的。他们当初都不知道自己潜在的写作能力甚至天赋，那么，如果不是坚持不懈地写作，他们可能到现在都只是一名勤勤恳恳但默默无闻的普通老师而已。当然，一辈子默默无闻也不可耻，问题是能够成为名师为什么不去努力呢？我在想，如今在我们中国的校园里，还有多少默默无闻的管建刚和郭文红等着他们自己去发现自己啊！

第三类写作者谈不上多么热爱写作，但知道写作有助于教育成长，于是坚持写作，尽管一本书都没有出版，甚至很少有文章发表，却通过教育写作获得了实实在在的成长。我经常在想，教育写作的目的是什么？是为了出版著作吗？可全国那么多的老师，能够达到出版水平的教育作者毕竟是极少数。那如果不能出版，所写的教育文字都白写了吗？当然不是。回头看我八九十年代写的教育文章，包括故事和案例，绝大多数都没有发表，也没有达到发表水平，但正是这些文章的写作，促使我剖析自己的问题，总结自己的经验，提炼自己的智慧……慢慢地，我就变得聪明起来。所以，我要说，教育写作的根本目的，不是发表，而是反思。反思即成长。

常州武进区人民路小学的王晓波老师坚持写作那么多年，一直没有出版著作，但她依然持续不断地在其微信公众号"遇见猫的国"上记录自己的班级教育故事，她虽然也没有正式出版什么著作，但通过写作，她让她的孩子享受了新教育幸福完整的教育生活，她的班级被评为全国新教育"十佳完美教室"，而她获得了"全国新教育先进个人"称号，由普通老师成长为一名优秀的校长。

王晓波老师的成长经历告诉我们，对教师而言，仅仅有写作也不会获得成长，教师的成长还应该有丰富的实践、广博的阅读和深刻的思考，但如果仅仅有实践、阅读和思考而没有写作，教师同样不可能有完整的成长。

关于教师成长，我曾说过要有四个不停：不停地实践，不停地思考，不停地阅读，不停地写作。而对不少老师来说，比起实践、思考和阅读，写作是最难做到的。但写作，是打通从优秀教师到卓越教师的"最后一公里"。如果一名教师只是做、思、读，他做的经验、思的收获和读的感悟，不过是瞬间的烟云，随风而散；但如果他能够坚持写作，那么不只是他的做、思、读的成果能够凝固在纸上，成为自己成长不可磨灭的清晰足印，而且他在写的过程中，还会有"二次收获"。因为写作不仅仅是客观的记录，还伴随着反思、提炼、梳理、总结、升华……模糊的变得真切，纷乱的变得清晰，被动的变成主动，偶然的变成必然。

　　对一名教师而言，我曾经还有一个也许不那么准确的比喻：实践是双腿，思考是大脑，而阅读和写作则是双臂。不能说不写作的教师就一定不是好教师，但至少不是一名完整的好教师。愿我们每一名教师都能成为肢体健全、幸福完整的教师！

第三部分 区域叙事

红城绿谷飘书香　师生共写话成长
——"共读共写共成长"旺苍新教育实验区叙事

四川省旺苍县教育局党组书记、局长　殷才昌

旺苍坐落在秦巴山南麓，四川盆地北缘，一县连七地，山水贯南北。经济与文化在这里交汇编织，形成了独具魅力的五张名片——红城、绿谷、茶乡、古道、恐龙。自然与岁月的馈赠，让这片土地温暖淳朴，也欣欣向荣。红绿交织的旺苍，带着古老的故事，踏上了新的征程。

"红色大地"追寻幸福完整

从古老的清江书院到新时代的学校，旺苍教育历经风雨，矢志不渝。1933年，红军在旺苍建立川陕革命根据地，刻下革命标语、传唱红色歌谣、办起列宁小学，红色文化开启了旺苍人民奋勇争先的历史新篇。

一直以来，旺苍把教育放在优先发展的战略地位，通过一系列改革，逐渐走上了优教旺苍的快车道。取得长足发展的同时，我们依然面临学校条件艰苦、资源不足、引领不够，教师职业倦怠、成长缓慢、压力过大，学生课业负担过重、留守儿童幸福感缺失等难题。如何促进学校良性发展，唤醒教师的内生动力，让革命老区的

孩子在家门口也能享受到优质教育，我们一直在探索。

2018年7月，旺苍县整体加入新教育实验，成为全国新教育实验第140个实验区。我们先后得到了朱永新、李镇西、陈东强、许新海等专家的指导。在新教育研究院院长李镇西的引领下，我们前往海门考察学习，开启了旺苍新教育"第一课"；"新网师"执行主任郝晓东带领专家团队七到旺苍，走进每一所学校，和老师们进行近距离交流，点亮了师生的心灵之火；朱永新教授在他的"2022两会手记"中，充分肯定了旺苍新教育实验取得的成绩并表达对研讨会的期待，坚定了我们践行新教育的信心。

走近新教育，我们看到了教育更动人的生命样态，找到了理想与现实之间的链接路径，红色大地开启了幸福完整的教育生活。

"蓝天碧水"涵养幸福师生

（一）践行新理念，开展新行动

因为相信，所以追寻。各级领导高度重视旺苍新教育实验，县委书记唐文辉、县长杜非担任2022年新教育研讨会筹备工作领导小组组长，主持全县教育大会，指导全县新教育叙事，多次深入学校调研，为新教育在旺苍落地生根涵养了"蓝天碧水"。

县委县政府出台《关于加快推进教育强县建设的实施意见》，新教育实验成为教育强县的重要措施；我们围绕"幸福师生　优教旺苍"核心目标，探索出了"54321"旺苍新教育实验路径；形成了"专家引领、行政推动、片区联盟、一校一品、整体推进"的新教育实验工作机制；构建了"校长治校、教师治教、家长治家、学生治学"和"提升书香校园氛围，提高师生共写随笔能力，提质全面阅读水平，提效构筑理想课堂效果，提面新教育实验的全面融合"的"四治五提"优教旺苍教育模式；成立了旺苍县新教育实验推进发展中心,以教师专业发展为起点,以十大行动为途径,以帮助师生过一种幸福完整的教育生活为目的,让新教育实验在旺苍大地上成为"新"的教育,成为"心"的教育,成为"行"的教育,成为"幸"的教育。

(二)聚焦小山村,建设新联盟

旺苍地处山区,学校分散,除了县城,其他学校规模较小,教育资源不均衡,生源流失,学校发展受到制约。山区学校"教师不愿去、去了留不住"的尴尬一直存在,学科专业教师匮乏,教师队伍年龄两极分化严重。老师身兼数职,"班级承包责任制""文体全能型老师",体育老师教数学、语文老师教音乐的现象仍然存在。

"是固步自封,还是抱团取暖?"在新教育学习共同体思想的影响下,我们展开变革,片区教研联盟、校际联盟应运而生,师生逐光而行,区域联盟这一星星之火被点燃。联盟形成工作机制,组建管理团队,开展实践活动,举行片区庆典,加强专题讲座、同课异构、走校教学、成果展示等一系列活动,解决农村微小学校单打独斗的发展困境。

在六大片区联盟中,旺苍北部的国华山区是第一个吃螃蟹的区域。国华片区新教育联盟成立组委会,编写《国华片区新教育联盟章程》,制定联盟活动行事历,学校轮流承办活动。活动中,优秀教师示范、优质资源互补、优秀成果共享,以"推进每月一事"为行动指南,让每一次活动都成为孩子激情释放的良机,收获诗意的成长。

国华片区联盟的成立,让新教育之花在旺苍北部山区绽放。2019年,该片区6所学校均获教育质量奖,取得了前所未有的成绩。2020年11月,旺苍县首届中小学"联盟教研·整体发展"教学质量推进现场会在国华中小学召开,为旺苍教育区域整体发展提供了借鉴和示范。2020年12月,旺苍县教育局出台新教育《联盟教研整体发展片区联盟方案》,建立六大片区联盟,16个校际联盟,新教育联盟呈燎原之势。五权片区联盟主题为"师生共写随笔　乡村教育谱新篇",木门片区联盟主题为"研发卓越课程　红色文化重引领",嘉川片区联盟主题为"缔造完美教室　师生共写共成长",英萃片区联盟主题为"家校合作共育　建好留守儿童家园",白水片区联盟主题为"构筑理想课堂　城乡教育同发展",形成了新教育实验与乡村教育深度融合的旺苍格局。

（三）深耕"责任田",优化新课堂

为全面推进新教育,带动全县课堂教学变化,我们深耕"责任田",优化新课堂。四年来,持续推进局长、股长、校长"三长"进课堂,从六大维度对课堂进行解析,开展"录展评"活动,精品课不断涌现;落实专递课堂、名师课堂、名校网络课堂,全面推行"互联网+"教学模式,开展直播教学、在线教研、在线巡课,促进教育质量发展。形成"三环五要素""趣味体育课堂""红星照我心思政课"等新课堂样态,课堂焕发新生机。

全县学校以构筑理想课堂为行动主题,各学科老师不断优化课堂教学的六维度,积极尝试自主探究式教学策略。课堂上老师以学生为主体,善于启发引导学生,注重学以致用、讲练结合。各学科教学闪光点比比皆是,理想课堂,让我们看到了更幸福的学生、更专业的教师和更有温度的教学。

我们地处农村,山林田野、乡土风情,都是天然的特色课堂。我们以学校为主导,家庭为基础,社会共协同,全面拓展课堂空间。各校结合实际,增设"厨艺堂""屋顶农场""现代种植区"等特色课堂,做到"校校有基地、人人能实践"。

全县各学校新课堂趣味横生,山坡上,玉米成行,沟田里,瓜果飘香。嘉川小学的孩子们带上在劳动实践基地"初心园"里收获的新鲜茄子、番茄、辣椒、丝瓜等蔬菜,在食堂厨师的指导下,将其烹饪,制作出番茄炒蛋、白油丝瓜、青椒土豆丝、小白菜豆腐汤等12道家常小菜,用旺苍家常风味演奏出了新课堂的交响乐章。

(四)开启新读写,遇见新自己

为促进师生共读共写共成长,旺苍教育开启新读写活动,让每个师生遇见更好的自己。朱永新老师说,一个人的精神发育史就是一个人的阅读史。而现实教育中最可怕的是"一些不读书的校长,带着一群不读书的老师,却要一群又一群的孩子拼命读书"。

为了改变这样的局面,在新教育教师成长"三专模式"的影响下,2018年,30多位校长园长自发性地齐聚在南阳小学,组建旺苍新教育悦读汇,正式拉开了旺苍共读共写的篇章。围绕《陶行知教育文集》《给教师的100条建议》《我的教育理想》等专著,校长共读活动开展20余期,参加者700余人次,郝晓东老师也亲临悦读汇,让我们感受到阅读的魅力。

在佰章小学"积微聚悦读汇"四年的光阴里,从《儿童心理学》《静悄悄的革命》到《夏山学校》《第56号教室的奇迹》,一本本书仿若一盏盏灯,照亮了一颗颗热爱阅读的心灵。学校开展交流活动近100期,开展教师讲坛70多期,撰写心得体会100多万字。与此同时,全县学校的教师读书会也逐渐壮大起来,一批优秀的教师也涌现出来。实验小学王晓蓉老师和佰章小学王春花老师均被"亲近母语"研究院、新教育基金会评为2022"阅读改变中国"年度点灯人。

"阅读只是第一步,写作才能更好地抒发内心,尊重生命,感受幸福。"我们每年举行师生共写随笔征文比赛,把共写随笔和生命叙事相结合。2022年新教育生命叙事历时两个多月,先是学校初赛、全员参与,然后是片区复赛、分享交流,最后是全县决赛、榜样引领。56名教师和25名校长分别从师生共写随笔、营造书香校园、缔造完美教室等十大行动,讲述教师的个人成长,展示学校的发展变化，书写新教育在旺苍大地上的华章。

《旺苍新教育》期刊和旺苍新教育公众号推出榜样人物，共享生命成长中最美的印记。东河小学原校长黄先友用书信的方式与教师们进行沟通，博骏公学秦梦校长利用微信公众号的方式与师生、家长交流，李霞老师利用日记的方式与学生共写。同时，我们还推出了师生共写随笔的升级版，在完美教室里接力写诗、写信，以班为单位，编印生命叙事——"我们的故事"。

同时，各校校刊也百花齐放，九龙小学的《山花》，讲述山区师生如花绽放；东河小学的《小白杨》20年如一日，传颂红军精神；七一中学《涌泉文学报》第42期，以专刊形式感恩祖国、感恩中国共产党，把感恩文化根植于学生心中；实验小学校刊《阳光少年》，坚持15年，记录童年最美的模样；水磨小学《尚水》周刊已出版173期，讲述大山深处一群孩子幸福的故事。

时光不负有心人，在各级征文大赛、论文比赛中，从不缺少旺苍师生的身影；在共写随笔、生命叙事的评选中，旺苍师生频繁闪亮在新教育舞台！

（五）浇灌"百花园"，缔造新教室

环境是学生成长无声的老师，为了让孩子有一个舒适的学习环境，全县各个学校积极缔造完美教室。我们进行知识共建、精神共建，形成学生、教师、家长成长共同体。构建班级文化建设体系，倡导通过班级的课程、庆典、活动、共读共写共生活，让班级文化一点一点活出来；编写操作手册，班徽、班旗、班歌、班诗等应运而生，我们把红色传统、茶乡绿韵等本土文化根植在师生的心灵深处，守护一方乡情；从班名创意、班级课程、活动体系等多维度进行评价，用底线加榜样的方式，让教室成为土壤，让生命在知识与精神的交汇中绽放。

东河小学以"缔造红色完美教室"为纽带,把新教育十大行动进行有机整合,学校以"红色历史""红色星空""红色文化"为主线,形成"学校文化+各段底色+年级风格+班级特色"的完美教室体系。编写《红色完美教室操作手册》,创新红色完美班级公约,把班级建设细化到每一个月,和新教育实验每月一事同频共振。研发红色班级阅读教材,编辑出版了红色校本教材《红土地》《红军城》《红领巾》。构建红色班级建设活动序列,形成"东小四节"高质量品牌课程:春天"小红军体验节",夏天"小白杨艺术节",秋天"小博士科技节",冬天"小书迷"读书节。构建"红色+"育人体系,解决了德育活动形式化、内容碎片化等问题。

七一中学党建文化完美教室,嘉川小学农耕文化完美教室,黄洋小学将军文化完美教室,走出了身体强健、精神崇高、灵魂自由、习惯良好的师生,像这样具有本土特色的完美教室,承载着旺苍这方山水的文化密码。

(六)依托"新网师",促进新学习

"新网师"作为"网络在线专业学习共同体",激发和唤醒了旺苍教师学习的内生动力,助力终身学习和专业成长。旺苍与"新网师"签约,部分学校成为"新网师"附属学校,每年有不少于100名教师加入"新网师",旺苍学员得到了更多线下学习的机会,我们力争用三年时间建成"新网师"线下培训学习基地。

近四年,我县持续有局长、校长、教师加入"新网师"学习。2019年春季,我县教师积极加入"新网师",同年5月底,我们选派28名"新网师"学员赴山西省太原市行知宏实验学校,参加"构筑理想课堂"高级研修班学习。实验小学青年教师何晓敏代表旺苍实验区在这次研修班上了《自己的花是让别人看的》展示课,充分展示了我县"三环五要素"理想课堂模式,得到了与会教师的高度评价。博骏公学韩岚老师早在 2009 年就加入了"新网师",这些年来,她一直深耕在"新网师"的沃土上,开发了系列学生读写课程,成为旺苍教师专业成长路上的榜样。

吴尧达、王宗祥、刘洋等老师还积极参加"新网师"组织的"深度共读营",他们与全国的"新网师"成员一起"啃读经典,照亮生命",将自己的所学所获分享给旺苍热爱学习的老师和学生,做到了"立己达人"。在这些榜样的引领下,全县教师也主动跳出"舒适区",在学思践悟中拔节成长。

"青山绿水"托举优教旺苍

在新教育十大行动的践行中,全县学校改变了发展模式,教师改变了行走方式,学生改变了生存状态,家长改变了固有观念。我们每两年开展一次评选"新教育十佳校长""新教育十佳班主任""新教育十佳学科带头人""新教育十佳教师"……新教育实验唤醒了师生的生命之光。在榜样激励下,旺苍教育人同心同行,用行动创造美好未来。

(一)教师笃行,播撒幸福的种子

新教育五个十佳评选、年度生命叙事、"理想课堂"优质课展评等系列活动搭建了教师成长平台;在"学科工作室""青蓝计划"和"四名工程"里,年轻教师不断成长;在"三专模式"的引领下,文秋蕊、何国敏、赵玲等一批骨干教师更加优秀了;在"校长论坛""新网师"学习和师生共写随笔里,部分教师走向卓越,如木瓜小学李德清老师荣获全国先进工作者称号、东河小学尹万平校长被评为全国未成年人思想道德建设模范,佰章小学边小英老师被评为四川省教书育人名师。在新教育年度十佳舞台上,从理念到思想、从精神到行动,旺苍教师用追寻理想的执着精神、深入现场的田野意识，享受着教育的幸福完整！

（二）学生尚美，听见花开的声音

我们把舞台还给孩子，让孩子站在舞台中央。新的儿童生活方式，使学校有了更多、更美、更爽朗的书声、歌声和笑声，学生动起来、美起来、乐起来了！

祭孔大典、童话戏剧社、校园采摘节、小红军体验节、社团活动成果展示等，把热爱转化成能力，把日常凝聚成荣耀：在全国中小学信息技术创新与实践大赛中，旺苍县代表团斩获国家级二等奖；黄洋小学作品《瑞雪兆丰年》获四川省校园影视作品短视频类最高奖——"春蚕奖"；学生参加广元市运动会蝉联三届青少年组冠军；参加广元市第十届中小学生艺术展演活动，42件艺术作品全部获奖。

清华大学、北京大学连续四年向旺苍学子伸出橄榄枝；C9联盟高校里，旺苍学子的身影流连其间；600多名学子考入"双一流"高校；2019—2022年本科上线人数保持增幅41.2%～45.8%，实现上线人数、上线率连续四年正增长。

（三）校园求真，守望芬芳的原野

新教育实验开启学校的幸福之旅，让我们尝到幸福的滋味。旺苍教育连续三年荣获全市教育工作目标考核和基础教育质量考核一等奖，2021年获得全市基础教育三个类别一等奖，旺苍中学荣获省级示范高中质量考核一等奖，东城中学荣获市级示范高中质量考核一等奖。这些成绩的取得是新教育实验带给我们的额外奖赏。

除此之外，特色健美操连续两次斩获全国一等奖，精品茶艺荣获全国茶艺技能大赛银奖；"智能导盲杖"获得第35届四川省青少年科技创新大赛一等奖；川剧折子戏《拷红》荣获四川省第三届中小学川剧展演赛二等奖。全县成功创建12所全国青少年足球、篮球特色品牌学校，2所学校创建为省艺术教育特色品牌学校。米仓山小学被四川省美术家协会认定为"写生创作基地";张华小学被电子科技大学认定为"美育教育基地";东河小学被四川省老促会认定为"红色教育基地",旺苍教育的原野愈发芬芳。

(四)家校同行,共筑成长的梦想

孩子就像一株植物,根扎在家庭中,果结在教室里。家庭教育是土壤,学校教育是施肥、浇水,两者结合相得益彰。我们坚持办好新父母学校,增设广元家长网上学堂,创新"互联网+社区"教育方式,定期举办家庭教育讲座、家长论坛和家校交流座谈会;编制发放《家校手册》,推广育人方法,达成育人共识;设立"学校开放日",全面实施开放办学;进行"书香社区""书香家庭""百姓学习之星"评选;认定"终身学习品牌"项目、"优秀成人学校"的建设,全民学习的氛围已经形成。家长关心教育、支持教育,从之前"唯分数论"转向关心孩子的全面发展。新父母成就新孩子,新孩子点亮新梦想!

"古道茶乡"追寻诗和远方

悠悠古道,红城茶乡。旺苍教育,奔赴远方。

如今,一所所新教育实验学校在茶乡大地应运而生,"过一种幸福完整的教育生活"的标语随处可见,十大行动在各校因地制宜、创新实施,我们看到了新教育唤醒师生生命之后的芬芳原野。

新教育路上,我们是践行者,更是受益者。四年躬耕,孩子眼里光更亮,老师心中爱更深,学校发展势更强,全县教育教学质量连年攀升,坚持让每一个孩子都不被落下,让每一所学校都不薄弱,让一方教育得到内涵而高品质发展,让旺苍人民的获得感和幸福感成为教育发展的动力,"幸福师生　优教旺苍"正在实现。

行动,就有收获;坚持,才有奇迹。

放弃容易,但坚持一定很酷

四川省旺苍县东河小学　赵蓉

相信大家都听过柏拉图甩手臂的故事。诗云:行百里者半九十,我想,柏拉图能取得伟大的成就,一定与他做事的持之以恒是分不开的。

此刻,回首离我最近、最平凡的一段心路历程,我想到曾在央视新闻公众号上看到过的一句话:放弃容易,但坚持一定很酷。

遇　见

第一次听说新教育是在2010年,那是刚到东河小学不久,办公室有一个忙碌的身影,那是韩岚老师。她或是和孩子们一起晨诵,或是带领孩子们写绘,又或是和孩子们一起编排课本剧……慢慢地,我才得知她加入了"新网师""新教育"。虽说每天忙碌、辛苦,但她笑容的背后是满满的幸福。我相信世间所有的遇见都是冥冥之中早已注定好的安排。遇见韩老师,让我初次遇见了新教育,也让我第一次感受到新教育的美好。从此以后,我也开始学习她的做法,但总是三天打鱼两天晒网,终究一事无成。

时隔几年,新教育这束光洒遍了东河小学的每个角落,我幸运地成为学校新教育种子教师。作为一名语文教师,我深知:大语文时代阅读为王。我决心不再整天盯着学生的分数,我要带领孩子们走上幸福快乐的阅读之路。然而,身为理科生的我没有专业的阅读积淀,又该怎样带领孩子们阅读呢?一次偶然的机会,我在成都泡桐树小学参加了中国儿童阅读论坛培训。这期间,任丽颖执教的《绿野仙踪》整本书阅读研讨课让我深受启发。这次培训,让我与整本书阅读教学不期而遇,它为我后来的阅读教学之路指明了方向。

成 长

我特别喜欢一句话:与其逼着孩子使劲,不如让自己成长。培训结束后,我对整本书阅读教学产生了浓厚的兴趣,随即买了几本相关的书籍研读。其中,《走向理性与清明——整本书阅读之思辨读写》《探索和发现的旅程——整本书阅读之专题教学》《培养真正的阅读者——整本书阅读之理论基础》这三本书对我的影响特别大,为我后来的整本书阅读教学起到了引领作用。

正所谓,独行快而众行远。在同事的推荐下,我有幸加入了远川教育集团儿童阅读指导师培训班,在这里,我对阅读教学有了更深入的认识和理解。后来,我又进入"百班千人"公益阅读组织,在这个大家庭里,我认识了周其星、李祖文等特级教师,以及来自全国各地的热爱阅读的老师们。他们的每一次讲座,每一次阅读经验的分享,都让我如沐春风。

一路花开一路成长,就这样,积累着、沉淀着、丰富着,看似漫长的道路,却又如此顺理成章。

引 领

2018年秋季,我领着孩子们开启了阅读之路。我们在教室里张贴有关读书的名人名言，把教室布置得富有书香气息；我们建立班级图书角，鼓励孩子们相互借阅，营造浓厚的读书氛围；我们共同选择书目，让孩子们"择真而读，择善而读，择美而读"。

俗话说，大海航行靠舵手。为了让孩子们读好书，好读书，在这三年里，我领着他们读了《汤姆索亚历险记》《小王子》等童话教育类书籍，孩子们看到了世间的美好，无形中也丰富了想象；研读了《昆虫记》《森林报》等科普类书籍，孩子们增长了科学知识，也爱上了科学；拜读了林海音的《城南旧事》、高尔基的《童年》等儿童文学类书籍，孩子们潜移默化地受到了思想、品德、情感等方面的启发和教育；品读了《上下五千年》《三国演义》等历史类书籍，孩子们了解古人智慧的同时，独立思考能力也提升了。三年来，我们共读了23本不同的书籍，孩子们的阅读量不断增加，阅读能力不断提升，阅读视野、阅读思维也变得开阔。

只有读是远远不够的，叶圣陶先生曾说过：阅读是吸收，写作是倾吐。我们一边读一边写阅读感悟，从几十字到五六百字，从大量的故事摘要到读后深入的思考、真切的感受。在长期的读写过程中，孩子们的写作能力不断提升。

感 动

三年来，每读一本书，我都会通过不同的形式（如画思维导图、制作好书推荐卡、录制音频视频等）记录我们开展的阅读活动。

这些美好的瞬间让孩子们的成长有迹可循，让他们的童年记忆中有书香、有收获、有感动。

朱永新老师说过：教育是一种感动。三年来，我有过太多的感动，记忆中最深刻的是2021年3月8日那天收到的一张小纸条。

赵老师，你辛苦了。你就像妈妈一样一直关心我，你从来没有因为我是一个差生嫌弃过我。虽然我现在考试成绩很差，但是遇见你以后我爱上读书了。我从书中学会了坚强、勇敢、自信、善良，我以后还要读很多很多书。

赵老师，快毕业了，我舍不得离开你，我会永远记住你对我的好。祝你节日快乐，永远年轻漂亮。

虽然小纸条的内容很朴实，字迹不那么工整，但每一个字都饱含着那个内向、语文成绩从未及格的孩子对老师深深的感激与不舍。看完小纸条，我的眼泪瞬间夺眶而出。趁此机会，我也给他回了一封信。

亲爱的××同学：

你知道吗？我今天收到的最珍贵、最有意义的礼物就是你写给我的小纸条了哟！

我清晰地记得，四年级分班后的第一堂课，我让大家轮流上讲台做自我介绍，只有你一个人很特别，支支吾吾地只说了七个字"大家好，我叫××。"我微笑着问你："还有什么要给大家介绍的吗？"你满脸通红，摇摇头，站在那儿一动不动。

我还记得，有时我看到你一个人安静地坐在座位上读书，时而嘻嘻地笑，时而又紧锁眉头；有时我还会看到你主动和同学一起玩耍，和同桌一起埋头共读……你认真读书的样子最帅、最酷，真的！

我也还记得，除了我们要求的共读书目外，在我的鼓励下，你读了《为月亮先生演奏》后，开始变得敢于表现自己；你读了《在教室说错了没关系》后，在课堂上偶尔能举起小手；你读了《第一次我出生的时候》后，更加理解了妈妈的不容易，不再埋怨妈妈……

××，你知道吗？看到你一天天进步，一天天成长，老师心里有说不尽的高兴。我知道，你从不爱学习到能主动完成作业，你从不爱读书到能自主阅读，一直以来，你都在努力。我也知道，是阅读让你变得勇敢、自信、积极了。

毕业在即，老师希望你能一直坚持阅读下去，相信总有一天你会变成自己理想的样子。

加油吧！××，我会永远记得你哟！

2021年3月8日　20:30

后来，他告诉我，他一直保存着这封信，这封信让他在毕业后变得更加热爱读书了。

此刻，我又清晰地记起2021年暑假的一天，他的妈妈打来电话。"赵老师，××这次语文期末考试终于及格了，太感谢你了。谢谢你三年来没有放弃他，给了他无限的关爱，现在他每一天都会给我带来或多或少的惊喜，如果没有遇见你，如果没有你鼓励他读书，他可能……"半个多小时的通话，我没有打断她，任凭一位单亲妈妈向我诉说孩子的变化，孩子的成长。透过她的一字一句，我听出了她内心深处的满足和感动。

人们常说，阅读可以改变一个人。是的，三年来，我和孩子们一起阅读，也一起成长。那一个个灵动而有魔力的文字，不仅让他们浸染了书卷气，也让他们变得比同龄孩子更阳光、更自信、更睿智。

世间有一种精神叫"执着"，世间有一种行动叫"坚持"。与新教育结缘已经快四年了，因为坚持，我听到了孩子们的生命在不断拔节的美妙声音；因为坚持，我一直行走在新教育、新阅读的路上。此刻，我还想对在座的每位说一声"放弃容易，但坚持一定很酷！"

这里,有一片滋养生命的沃土

四川省旺苍县实验小学　彭渝烊

旺苍这片神圣的沃土,滋养着川北儿女。11年间,我从农村到县城,从普通教师成长为校长助理。一路走来,我坚信:在这片沃土上定会呈现"兰叶春葳蕤,桂华秋皎洁"的怡人景象。

弥漫教育芬芳

刚到实验小学,迎面而来的是孩子们那一张张可爱的笑脸,一声声稚嫩的"老师好"。校园内,一株株郁郁葱葱的桂花树静静地伫立;一朵朵娇艳美丽的花朵悄悄地开放;一棵棵生机盎然的小草默默地生长。教室内、墙壁上、走廊中,处处都渗透着传统文化和学校精神。校园的人、校园的景、校园的物,都在讲述着"居静幽处笃志,于无声处育人"的故事。

"与我六年同行,给你一生精彩"是学校的办学愿景,而"亲历孩子拔节成长"则是全校教师的莫大幸福。近年来,学校培育了一批又一批品学兼优的学生,然而更能带给老师成就感的,还是那些"学困生""问题学生"的"觉醒重生"。

探究顽劣之源

有一个叫石头的孩子,曾经是整个学校的"名人",受原生家庭和天生身体缺陷的影响,他在行为、习惯、心理、性格等方面出现了一些问题,谁见了他都要避让三分。他的父母教育方式简单粗暴,教育效果甚微,到后来索性放任不管。作为老师,难道我们可以不管吗?

冰冻三尺,非一日之寒。石头的转化,同样非一朝一夕可为,是一个反反复复的过程。学校秉承"孩子是孩子,问题是问题,孩子不等于问题"的理念,开展了对石头"一生一案"的专项思想教育和转化工作。每当有老师谈及石头身上暴露出的问题,校长都会说这只是他成长过程中的"小顽疾",并非"不治之症",关键是从"要他变"转为"他要变"。

静待幸福花开

面对石头的教育,"新网师"榜样学员赵玲老师勇挑重担。"新网师"课程"儿童的人格教育"给赵老师的育人指明了方向。赵老师结合儿童人格的统一性,认真分析石头产生问题的根源,在找准症结后采取"一病一方"进行教育。赵老师与石头共读,让他承担班级清洁工具的管理,有事可做,体现自我价值。学校也利用"新父母学校"和家校共育委员会,定期邀请石头父母参与学校监督和管理,教给他们良好的家庭教育方法。通过学校和家庭的共同努力,慢慢地,石头的集体荣誉感增强了,违纪违规的次数减少了,以前嫌弃他的同学也都愿意和他交朋友了,他的脸上多了些许笑容。不经意间,学校的小巷里有了他向老师问好的声音,操场上有了他主动捡垃圾的身影，课堂上，有了他认真倾听的画面。每每有教师反映学生难管的时候，我都会轻声细语地说："办法总比问题多，静待花开总有时。"一个个孩子的转变，彰显了学校管理的精细和教师育人的智慧，更促使我们不断探索前行。

凝聚智慧力量

新教育清风吹拂旺苍，在实验小学这片沃土上，我们提供好的阳光、空气、养分，让孩子们按照自己的样子茁壮成长。霞光穿越晨雾的早上，晨诵与黎明共舞，每间教室里都传出琅琅书声，书香校园气息扑面而来。

那些吟诗高歌的午后，走进完美教室，精美手工、泥塑陶艺和文化元素与孩子们的脉搏一起跳动。老师们用笔尖挥写流金岁月，讲述春去秋来的漫漫记忆，一双双小手在老师肩上轻轻捶捏，满身疲惫荡然无存，唯有幸福在心中蔓延！我们心怀善念，养正童蒙，在沙漠发现绿洲，共同走向明亮那方。

行动催生力量，坚持拯救迷茫，育人之任情出于心，你若静待花开花有情，你若静观绿水水含笑，你若不忘初心，幸福就在眼前。课堂文化是学校文化的重要组成部分，为构筑理想课堂，发现知识的内在魅力，我校以"晨诵·午读·暮省"为指引，营造出浓郁的书香氛围。在"五步渐进"课堂模式的基础上，提炼并形成旧知温习、新知初探、新知释疑、新知巩固的"四知"教学模式，让知识的学习过程成为师生展现与创造生命的旅程。学生乐于晨诵、乐于阅读、乐于学习成为常态。母亲节的早上，我们进办公室刚落座，一群可爱的孩子手拿鲜花冲了进来，向我们鞠躬，响亮地对我们说："彭妈妈，陈妈妈，何妈妈……节日快乐！"满屋子的感动让我们热泪盈眶，那些留存着手心余温的花，那些情真意切的祝福语，我们永生难忘，只愿一切美好不被辜负！

朝向最美风景

　　如今，在美丽的实验小学里，在栽满香樟树、桂花树的角角落落里，孩子们被花香萦绕，被书香润泽。相信岁月、相信种子，相信脚下这一片滋养生命的土地，今天，我们用爱浇灌这一株株幼苗，来日，我们将会迎来绿树成荫、桃李满园。

关爱留守儿童，守住教育初心

四川省旺苍县双汇镇正源小学　高雅茹

有家的地方没有工作，有工作的地方没有家，这是打工人的辛酸。他们的子女为此也成了留守儿童。在我的班上，虽然只有24位学生，但80%的孩子为留守儿童，由此可见这个群体的数量是庞大的，对这个群体的关注也是非常有必要的。

一个普通的早晨，学生课桌上出现了我的名字，并附带着一句极具侮辱性质的话。气愤的我很快就通过字迹找到了"作案"者。当天下午又有学生的书本被扔出窗外，这一次我并没有太多有效线索，只是碰巧在丢书时段瞧见上午那个犯错男孩独自在教室外游荡。于是，抱着试一试的心态，我把男孩叫到办公室进行询问。他矢口否认，进而还委屈哭泣，边哭边说："老师，我上午犯错就被批评了，这次真的不是我，我哪敢呀！"他坚定的语气让我开始自我怀疑，难道真的不是他？难道是我判断错了吗？虽然我没有证据证明是他做的，但是他也没有证据证明不是他做的呀。我不愿意放弃，继续跟他讲道理，希望事情能有转机。夜已经深了，我俩都有些累了。沉默着，长久地沉默着。终于，在十一点时他开口道："那我承认嘛。"听到这句话，我如释重负，竟然还有点想哭。接着我送他回宿舍，走在他的后面，看着他的背影，我在想：或许他很快就忘记了，但是我这辈子都忘不了这个夜晚。虽然他承认了，但有没有可能另有其人呢？到底是不是他做的呢？我甚至还在想他半夜会不会自己想不开伤害自己。于是，十几分钟后，趁着打热水的间隙，我专门绕到男生宿舍，看到他乖乖地躺到床上，又才放心地回到自己的寝室。

犯错的男孩有两个姐姐，大姐已为人妻为人母，二姐是一名在校大学生。父母外出务工，年迈的奶奶在家照顾他。家里重男轻女的思想是比较严重的，他在家里是集万般宠爱于一身、呼风唤雨的小霸王。他的妈妈是一位中年妇女，没什么文化，沟通起来的效果并不太好。于是我更多地选择和他的二姐进行沟通交流，急切地希望家长能够重视起孩子的家庭教育和情感教育。

除此以外，避开这位同学，我在班上完完整整地讲述了这件事情的来龙去脉，恳请孩子们和老师一起监督，帮助他改正错误。此后的很长一段时间，我并没有再提及这件事，他在同学和老师的帮助下依旧快乐地成长着。当他有一点点小小的学习或生活上的进步时，我便会第一时间表扬，孩子们对他的印象也从一个坏学生慢慢地转变成一个不怎么坏的学生。

时间很快过去了一年，在班级开展的收集烦恼的主题班会活动中，我发现了他的烦恼："我后悔以前没有和爷爷多相处，现在我的爷爷去世了。我多么想再看爷爷一眼，每一次想起爷爷，我的心里都很痛苦。如果时光可以倒流就好了。"那个曾经连去春游都由他70多岁的奶奶帮忙背着书包的孩子，开始知道时光一去不复返了。有些感情，不珍惜就真的远去了。想必自此这个不坏的学生已经变成了一个懂事的孩子。而我呢，不仅把此事写进了我的教育叙事里，也写进了我的毕业论文里，论文主题是"农村寄宿制小学留守儿童情感缺失问题的探究"，就以我所在的旺苍县正源小学为例。

留守儿童的故事未完待续。两次校运动会的比赛片段中均出现了一位给力的啦啦队员。他实在是在太活泼好动了。看到全身每个细胞都在抖动加油的他，大家都跟着快乐起来。平时的他永远被安排坐在第一排，他奇奇怪怪，同时天真可爱。最值得一提的是，本学期他原本参加象棋社团，才过了半个月就因为各种调皮捣蛋被象棋社团劝退了。于是只能委屈他跟着我来到了手工社团。他才来时总是静不下心来，学手工时一遇到有难度的环节就嚷嚷着要放弃。在老师的鼓励以及同学们的帮助下，他开始成功解锁手工新技能。手工社团里的进步也延续到了平时的校园生活，他竟然主动打扫教师办公室，主动倒垃圾，还乐呵呵的。

愚人节这天，我在班上为孩子们播放了《父亲的五元午餐》，虽然视频只有短短的几分钟，孩子们大多潸然泪下。作为留守儿童的他，在写给在外务工父亲的一封信中提到：他珍惜能在清凉教室里学习的日子，一定会用功读书，报答父母。平时总被老师、同学告状的孩子突然懂事了，让老父亲措手不及，孩子的爸爸竟然质疑这会不会是愚人节的礼物。看来，可爱也是会遗传的。这位可爱的父亲和这位可爱的儿子给我的教育生活带来了很多欢乐。

近些年，面对留守儿童，我们老师只能通过电子通讯去践行家校合作共育。我们都知道家庭在人的发展中具有不可替代的作用。老师关心学生，学生健康成长，家长和老师携手努力，这大概是教育最好的状态。

教育的初心究竟是什么呢？教育是阳光里做个孩子，风雨里做个大人。教育是幸福的人儿教出更幸福的小人儿，教育是把孩子交给老师，家长挺放心的。

我呢，一直感恩这份工作收纳了平凡的我，作为一名乡村教师，守住自己的教育初心，甘愿扎根乡村教育事业，用自己的力量去关爱每一位留守儿童，让他们度过金色灿烂的童年。

深深爱　缓缓说

四川省旺苍县博骏公学　秦梦

"深深爱　缓缓说"是我在学校公众号开设的一个专栏，每月一期。我在这里讲述孩子们的在校瞬间，描写老师们的工作画面，做一些家庭教育的探讨。我的读者或者听众大多数是学生家长。栏目以书信的方式深情述说。书信的落款永远是"你们的朋友：秦梦"。至今，"深深爱　缓缓说"，已刊载将近二十期。在这一年多的时间里，我也会收到读者的回信。一封封"云中锦书"就这样串联起我与家长，也可以说学校与家庭之间的故事。

博骏公学是一所寄宿制学校，老师们都是要上晚自习的，同事在一起的时间比与家人在一起的时间还要长，我们成了时间空间意义上的亲人。

我看到过结婚请一天假的老师，头一天还是身披白纱的新娘，第二天一早就已站上讲台。我也看到过脚踝骨折只请三天假就坐着轮椅来上课的老师。

类似的故事还有很多，新学校的每一步发展都离不开老师的付出，家属的支持。于是，去年春节前夕，我郑重地给每一位家属写了一封信，站在我的视角讲述博骏师者故事、学校发展故事并表示衷心的感谢。老师们说，博骏家书是专属于博骏家属的浪漫！

多好！教育本该是温润的。曾经看到过这样一句话：干燥的土地无法孕育出生命，正如疏离的心灵无法流淌出故事。所以，把学校建设成湿漉漉、暖融融的乐土，是我执着的梦想。把博骏建设成师生共同成长的幸福家园，不再只是集团的办学愿景，它已经深深印刻在我的生命里。

语言是思维的外壳，书信是口语的补充。

我深信，文字一定能更加深刻而完整地传递思想、表达情感。那么，在学校应该不止我说，也不止我写。

我们是一所新学校，建校只有两年多，在老师们有了一定的教学积累后，我们举办过盛大的班主任叙事大赛。

在新教育的理念中提到过：教育叙事，非为讲故事而讲故事，而是通过教育叙事展开对教育现象的思索、对问题的研究，将客观的过程、真实的体验、主观的阐释有机融为一体，揭示教育的真谛。

专业的词汇似乎稀释了它本身内在的情感。学校举办这次大赛，其实就是希望老师们在写、在叙的过程中反思自己的教育方法，坚定在平凡琐碎的工作中仍旧默默存在的教育初心。

果然，在大赛当天，平时内敛的小姑娘在讲述自己的班级时神采飞扬，平时一丝不苟的男老师讲着讲着，数度哽咽。坐在评委席的我早已不知泪湿多少纸巾。在那一帧帧鲜活的图画里，在那一幅幅师生同在的定格里，在那一行行浸透生命成长的文字里，任谁再铁石心肠都抵挡不住这柔情的侵袭。比赛结束的那天晚上，我写了一篇文章叫《博骏故事，未完待续……》。是啊！在时光的隧道里，我们和孩子们的故事还在继续，日子一天天流逝，它会带走我们的青春，带走头发乌黑的色彩，带走我们灵巧的身影，但是文字一定会替我们驻留记忆。待到有一日，年华老去，风拂残云，闲倚西窗时，就可以重读这些文字，重温那段师者人生。

那一次叙事大赛好似一团火，点燃了老师们心中想写、想叙的热情。于是，在假期里，我收到了一份份教育随笔，到现在，累计达60余篇。这些文字不管是长是短，是浓是淡，都是最真实的写意！我打算等有机会了，一定要将它们出版成册，哪怕最终它就在博骏流传，这也是博骏记忆。

关于读、写的回忆还有很多。我喜欢石桥小学校园的那几个字：读了再说！

曾经，我的老师对我说："你要给别人一碗水，自己就要有一桶水。"现在我常给老师们说："过去的文盲是不识字，现在的文盲是不会学习，将来的文盲是不会审美。"在知识快速更新迭代的现在，我们要给别人一碗水，自己得有一条河，能源源不断地注入清流。在博骏，每天下午五点半到六点是全校共读时间。每一个假期我们会共读一本书，而每次推荐给老师的书目一定是我先读过一遍的。开学后，老师们会就读书收获做一次闪电演讲。读了再说，一定会比没读瞎说更厚重。老师们的专业素养也在阅读中丰盈着。

俄乌之战打响后，老师给孩子讲炮火的伤害，讲俄罗斯、乌克兰的民族文化、气候地理。骤然发生空难，老师们给孩子讲同情与悲悯，讲珍惜与生命，讲 AI 技术精准搜救。

三八妇女节，我也给老师们讲师者楷模张桂梅、讲敦煌女儿樊锦诗、讲才女杨绛，讲当代女子该有的样貌和精神。

有人说：一生很短，不过晨暮与春秋，一生所求，不过温暖与陪伴。我们深信，无论是几十岁的成年人，还是七八岁的小孩儿，都有丰盈的、生长着的内心。去触碰它，唤醒它，以文字、以语言、以笑容，以日、以年。

我不是旺苍人，甚至也不是广元人。从成都来到这座小城三载有余，我吹过川北粗粝的寒风，也见过山中奔走求学的孩童，当然更相遇过也正相遇着一个个坚守奋进的教育人。这是我最好的年华，这也必将是我最值得追忆的经历。我从远方赶来，恰好你们也在。你信吗？教育如果有单位，一定不是克、千克，也不是米、千米，而是时光！

很幸运和大家一起行走在漫漫时光里，书写静静缓缓的教育人生！对教育深深的爱，让我们用一生的时光缓缓地说！

"一座桥"的使命

四川省旺苍县九龙镇中心小学校　何国敏

新教育理念尤其"关注人的发展",要"教给学生一生有用的东西",其核心旨归是"让师生过一种幸福完整的教育生活"。这让我不禁心向往之。

2019年2月,我如愿加入"新网师"。浸润三年,才深切体悟到"热爱教育、热爱学习、热爱生命"是如此幸福。啃读经典伴随不停写作,理性思考引导躬身实践,一股不可遏制的激情从心底迸发,2022年,我该如何存在?

我想化成"一座桥",一座师生闲暇之余阅读的桥,一座让教室不再冰冷的桥,一座让课堂焕发生命的桥,一座让农村学校迎来"春天"的桥。

思桥：重塑自我

2022年的工作、生活似乎波澜不惊,而内心却难以平静。一边是"新网师"痛并快乐的学习,一边是忙碌繁重的教学管理压力。让内心不安的导火线是年初陪着我表哥去医院检查身体,报告单拿到手上的那一刻,我崩溃了。当时的一个想法就是人活着为什么要那么忙碌,为什么要那么拼命。这一切的一切都逃不出命运的安排,学习、工作、生活都毫无意义。

人活着的价值是什么？面对逆境，是顺应还是抗争？生活如果只有顺境，会忘记自我，会活得平凡而没有价值。只有面临危机，人才会逆流而上，找到真正的自己。有了目标、方向时，就会发现生活更加踏实，更加美好。

我清楚地知道我要做什么。不管结果如何，我庆幸自己坚持下来了，心里从此埋下了一颗"桥"的种子。

画桥：超越自我

"读经典，悟道理，行技术"是我学习的准则。"少而精，少则透"是我学习的方法。读书不在于多，而在于精，在于细；"内化变输出"是我的学习技巧，通过写随笔、读书笔记、论文等输出方式。把文本形成有意义的模块根植于大脑，通过这样的学习，在大脑中就形成了结构性的知识。

"纸上得来终觉浅，绝知此事要躬行。"在教学管理中，我不断学习、思考、请教，积极寻找管理的新路子，从"新"着力。我把《理想课堂的三重境界》这本书所学知识梳理出来，带领老师尝试新的备课模式。把三维目标细化为每节课具体实施的A、B、C三类目标，把教学过程改为两个板块。这种新形式的备课，让老师们轻松驾驭课堂，关键是体现了学生的"学"，真正践行了眼中有人的教育。

我以"学生发展为本"的理念践行课堂，在教学内容的设计和实践中体现学生的全面发展。把音乐、美术、体育这些元素与数学课堂结合起来，创设"复合情景"式的课堂。通过这样的课堂改良，追求绿色的教育教学质量。

"衣带渐宽终不悔，为伊消得人憔悴。"我把学习当成一种生活态度、一种工作责任、一种精神追求，为建桥运输高质量的原材料。

建桥：扩大自我

"春风如贵客，一到便繁华。"新教育犹如"春风"一样，我校就此迎来"繁华"，我们更想奋发努力，永远留住这"一阵春风"，因为我们坚信"春风"的背后是"幸福完整的教育生活"。多么美好的愿景，在这样的愿景中，我需要修建一座桥，一座新教育与学校的桥，一座教师与学生的桥，一座学生与知识的桥。我深知，桥的那头，是纯净的心灵，是幸福的源头，是勃发的生机。

（一）一座师生闲暇之余阅读的桥

一个人要成为幸福的人，首先要拥有一个明亮的精神世界，唯有伟大的书籍才能提供"世界养分"。

要让新教育扎根我校，唯有改变教师的认知结构，因此我组织了教师进行专业阅读。"相约星期三"成为教师思想碰撞的约定时间，QQ群、微信群成为教师发表感悟的固定"房间"，共读共写成了师生心流迸发的生活空间。一次次主题鲜明的分享活动，让大家充分感受到了书的美好和阅读的力量，从而不断完善自己，提升人生品位，促进专业发展。

好的环境会使人积极向上。当师生生活在一个充满书香气息、窗明几净、赏心悦目的环境中的时候，怎能不脾气温和、彬彬有礼？但这里的"环境"不仅限于视觉、听觉，还应该是根植于内心深处的一种文化修养。因此我通过晨诵、午读、暮省，增加学生的课外阅读量，丰富学生的文化底蕴，修炼学生的内力，营造一个由内向外的书香校园。

（二）一座让教室不再冰冷的桥

每间教室有了自己心仪的班名，每个班级有了自己特别的口号，更不必说那承载灵魂的班歌、班诗、班徽、班训。完美教室特色初现，"学校大事、班级叙事、家校故事、学生有事"成为完美教室的主旋律，班班生龙活虎，个个摩拳擦掌。

（三）一座让课堂焕发生命的桥

博尔诺夫说："教育产生了一个伟大的职责：教育人类进行对话，培养其对话的兴趣和能力。这是教育为拯救受难的人类应做的贡献。人类的命运直接取决于教育能否在这方面取得成功。"我们的课堂应该是教师和学生围绕在知识的"篝火"周围，师生共同探究、讨论，共同感受知识的魅力。在倾听的前提下，彼此吸收对方的观念，更新自我的认知，最终实现师生双赢。

"复活"知识的发现为理想课堂提供了可能，学校要求教师从有效教学框架做起。A、B、C三类目标，课前的学生预习，教学过程的左手教、右手学，文本解读，设计意图，作业设计，课后反思这些都必须在备课中体现。在课堂中，目标导向、自主学习、合作探究、展示导学、课堂小结、随堂检测要扎实有序地推进。

"复合情景"的课堂是研出来的。人人上公开课，建立"课堂共同体"。一起挖掘课堂的魅力，让课堂上的学习真实发生。为求真而教、为求真而学是我们的课堂目标。

这座桥，让我校师生改变了行走方式。由刚开始教师的不认同到慢慢靠近；由下课十分钟的"无业游民"变为拿起书投入阅读；由一间冰冷的教室变为"充满生机的乐园"；由填鸭式的教学变为关注孩子学的课堂，这座桥改变了学校的整体面貌，让我们农村学校看到了希望。

虽然我们偏远，但我们美，愿这座桥，引领我们追随教育，践行教育，享受教育，让教育这阵春风化为春雨，滋润九龙镇中心小学开花、结果。

寻找自由之路，共赴读写之约

四川省旺苍县佰章小学校　伍姝红

读万卷书，行万里路。

我是一个热爱旅行的人，但是偏偏"出去走走"这件事需要天时地利人和。而我每一次"出去走走"的计划最终都以"万事俱备，只欠东风"为由不了了之，于是左手柴米油盐，右手笔墨纸砚，每一个生活和工作的日子都汇聚成了我的"阅读写作之旅"。

浅尝辄止，初遇阅读之路的瓶颈期

还记得 2013 年，初出茅庐的我闹起了"知识饥荒"，为了"充电"，我开始大量购买各种书籍来弥补心中的空缺，遗憾的是，它们大多数只是原封不动地躺在书架上，偶有几本会得到我的三分钟翻阅。这时阅读写作之路遇上了瓶颈，就这样在原地兜兜转转，停滞不前。直到我搭乘了佰章小学的快车，新教育春风拂面般再次开启了我的阅读之门。

柳暗花明，邂逅新教育带来的转机

2018 年，新教育的浪花席卷了我。我读了朱永新老师的《我的教育理想》一书，书中老师的目光是轻轻的风、长长的线、深深的海，我被深深打动了。为了提升自己，我报名参加了新教育"悦读汇"，并从中获益良多。我明白了：大量的书籍＋一颗爱好文学的心＋阅读的平台＋一起阅读分享的朋友＝一场深刻的阅读之旅。

我终于找回了属于自己的读写热情，还撰写了自己的教育生命叙事，参加了全县的"抒写新教育"演讲比赛，获得了三等奖。燃起信心的我又提起笔写了关于教学工作和少先队工作的论文和调研文章，获得了省级比赛的三等奖，同时也站在学校"教育叙事"的舞台上跟大家一起分享和交流。

春风化雨，开启亲子共读的旅程

（一）操之过切的启蒙风波

后来，我聆听了王兮老师的讲座，她的"新阅读"让我眼前一亮，一群群小作家通过阅读创作了许多生动的小诗，其中一首叫"棉花糖"的小诗俘获了我的心。心潮澎湃的我和同事共读，和孩子们共读，还把许多绘本故事带给了我的女儿，开启了我们亲子共读的时光。

印象最深的是那本《好饿的毛毛虫》。那本书小小的，上面的图案非常可爱，纸张的厚度也正适合三岁的孩子，我引导她看着图画讲故事。她摇头晃脑、稚声嫩气的模样，真是可爱极了。

接下来的几天，我继续给她讲这个绘本故事，希望她可以更熟悉甚至能将它背下来。也许是我太心急了，一周后我满怀期待地要求女儿脱稿讲出这个故事，女儿做不到。可是我却不死心，经过几番折腾后，她不仅没有进步，反而崩溃了，她哭着朝我吼道："妈妈，我讨厌阅读，再也不要阅读了！"那一刻我非常挫败，看着眼前的一摞摞绘本故事书,心里着急又难过。

(二)自我反思,走上共读的正轨

就在我垂头丧气的时候,王兮老师的一句话回荡在我耳边——"童书的共读,是帮助我们与孩子建立语言密码",我对自己的急于求成感到很懊悔,开始自我检讨。对孩子的阅读启蒙不能操之过急,也不能有过高的要求,看着邻居和同事的孩子们都可以脱稿讲出故事了,我一遍遍地告诉自己,花开的时间有先后,我要用心浇灌,耐心等待。

我重拾信心,和女儿一起读了《好饿的毛毛虫》,这一次我加入了一些新的方法。比如,采用提问的方式帮助她加深记忆;偶尔"示弱"让她有一点成就感;在故事的重要环节里"留点悬念"吊吊她的胃口,多多夸奖她,让她有继续阅读的兴趣。果然,这一次效果好多了。用同样的方法,我和女儿陆陆续续读了好多绘本故事,她也渐渐喜欢上了阅读。后来,我们还参加了幼儿园亲子故事大会,初露头角的女儿竟然获得了一等奖。

(三)生活中的不期而遇

经过这次比赛,女儿大受鼓舞,渐渐地爱上了阅读,有时还缠着我给她讲故事,我们就这样朝着共读的方向前行着,直到二宝的诞生。

有了弟弟后,全家人放在姐姐身上的精力免不了要减少一半,经过孕期和育儿期的"双重折磨",我已自顾不暇,生活里的"鸡毛蒜皮"和"琐碎日常"以及弟弟的"超高需求"中断了我和女儿的共读生活。她也感受到了妈妈的力不从心,有时候会偷偷哭泣,有时候会和我大吵大闹。无计可施的我给女儿送上了一本《我当大姐姐了》,这本书的内容和我家的现状几乎一模一样。读了一段时间后，她似乎明白了什么，竟然开始帮着我一起照顾弟弟。我惊讶于她的成长，更惊叹于阅读的力量。

（四）孜孜不倦，细水长流

随着弟弟的逐渐长大，现在家里的阅读模式变成了"姐弟共读"，姐姐会把在学校里学习的一些课文和古诗讲给弟弟听，弟弟牙牙学语跟着姐姐念字，一切都回到了正轨。而身兼母亲、老师、少先队工作者数职的我也在共读中找到了属于自己的工作方向，以更饱满的热情带领学校里的孩子们认识世界、聆听自然、热爱生活、奔向未来。

"腹有诗书气自华"，一个人阅读改变自身的气质，一群人共读丰盈大家的内心，每个共读者不同的心得和看法碰撞出的美丽火花是独具魅力和不可复制的。我们从同事、朋友、孩子身上得到更美妙的启发，将这些"美丽的火花"和"美妙的启发"穿针引线，就会变成一篇篇璀璨夺目的文章。

"共读共写"是一场充满活力的生命对话，是连接心灵的一座桥梁，是人生的另外一场旅行，更是寻找自由的另一种方式。让我们延续这段旅程，直至找到另一个自我。

生命里的那束光

四川省旺苍县博骏公学　韩岚

上天说："要有光！"于是，就有了光。

那么，什么是我生命里的那束光呢？我从2009年开始做新教育，新教育就是我生命里的那束光。

我喜欢晨诵

我喜欢晨诵，喜欢听孩子们稚嫩的声音唤醒黎明。

从一年级到六年级，我们开展了大量的诗歌小课程。一年级时，我们开展过"可爱的动物王国""我要做个好孩子""欢迎秋姑姑""冬爷爷的礼物""神秘的植物王国""神奇的海洋世界"等诗歌小课程。二年级上学期的时候，我们开展过"笠翁对韵""秋天的童话""神奇的窗子""冬天的美丽""蜗牛的风景"等小课程。二年级下学期，我们读日本诗人金子美铃的《向着明亮那方》。四年级，我们读美国诗人谢尔的《向上跌了一跤》《阁楼上的光》，开展了童子的"甜蜜的功课"小课程，狄金森的"有另一片天空"诗歌小课程，顾城的"我会像青草一样呼吸"小课程，金波的"倾听春天"小课程，以及斯蒂文森的"一个孩子的诗园"晨诵小课程，意大利贾尼·罗大里的"吻醒睡美人"小课程。四年级下学期，跟着陈美丽老师做"农历的天空下"，其中含有很多小课程。五年级，我们读德国诗人海涅的《乘着歌声的翅膀》，再然后是陶渊明诗歌课程。六年级，我们读纪伯伦的《先知》，泰戈尔的《吉檀伽利》，以及一个"小古文"晨诵单元和毕业小课程。

大部分课程，都是我在马铃老师、干国祥老师、魏智渊老师的指导下，阅读了大量书籍之后做成的。这期间，我经常亲手制作PPT，费尽了心血。

晨诵的时候，我会根据晨诵诗内容的不同，做一些好玩的事。比如在进行"甜蜜的功课"晨诵小课程时，我把这个课程与我们的观察课结合起来，观察花儿，做草玩具，在大自然里徜徉。读完《森林之书》这首诗，我们也开始做"森林之书"，每个孩子写一个故事，写在我给他们画好的纸"树叶"上，然后装订成四本故事书，孩子们相互借阅，他们可喜欢这样的"甜蜜功课"啦！

有时候，我们也会仿写诗歌，诗读得多了，自然就会写诗了，小朋友们自己写的诗虽然很稚嫩，但是可有童趣啦！王晨钰小朋友这样写道：

香 味

王晨钰

当我看书时
有一朵小花飘到书面上
小花飘走后
书上落下了浅浅的花香
也在我心里落下了花香

在进行"农历的天空下"课程的时候，我喜欢让孩子们做写绘作业，一是把自己当成作者，写一写这首诗的意境；二是写一写你读了这首诗的感受，以己证诗。这样，一首首古诗就与我们的生命联系在了一起。

实际上，晨诵课程也唤醒了我的一颗诗心，我自己也写了不少童诗，大概有四百来首了。

冬天里的那几只小鸟

（冬天的眼泪）

冬天里的
　　　那几只
　　　　　小鸟
圆滚滚的
叽叽
　　喳喳的

它们说
　　我们
　　　　也
　　　　　写诗吧

写的诗
　　挂在枝丫上
随风
　　摇着

我知道

开春的
　　　　　时候
它们的诗
　　　　就发芽啦
满树满树的
生机勃勃的
天空都
　　　　装
　　　　　　不
　　　　　　　　下
　　　　　　　　　　啦
……

我们一路走来，真心不容易啊！但我喜欢一直沉浸在这些美妙的课程里。

我喜欢共读

我喜欢共读。一、二年级，我们读绘本，读《大卫不可以》《花婆婆》《鳄鱼怕怕　牙医怕怕》《亲爱的小鱼》……一天一本甚至更多。在读完故事后，我会让他们做写绘作业，写绘作业的形式有很多。有复述故事，有结合绘本写一写自己的生活，比如读了《彩虹色的花》，说一说：你帮助过谁？怎么帮助的？或者你得到过谁的帮助？还有续编故事，说一说，后来主人公又有怎样的经历呢？再后来，我索性让他们自己编绘本故事，每个孩子都编写了自己的绘本故事，我便放在班里让他们互相借阅。看自己写的故事，真是有意思极啦！

我们的写绘作业还有：观察写绘、节气写绘、写绘日记、节日写绘、活动写绘。这样，他们观察生活的能力就越来越强，写的内容就越来越丰富。

在共读绘本的同时，我还喜欢把绘本故事当作生日礼物送给过生日的小朋友。我会选择一个符合孩子生命特质的绘本故事，让他做其中的主人公，在故事里去冒险。比如，心砚和书愚是一对龙凤胎，他们喜欢读书，于是我送给他们《吃书的狐狸》，希望他们像狐狸先生那样变成大作家。有了这样的期望，两个孩子的写绘作业真的写得多了起来。就这样，我把我对孩子们的爱、期望一起编织进了故事里，陪伴着孩子们在故事里经历了一个又一个冒险，相信他们会像故事里的主人公一样克服重重困难继续前进。于是，我们过了一个又一个有意义的生日。

从二年级开始，我们读经典的儿童小说：《我和小姐姐克拉拉》《贝贝熊》《香草女巫》《安徒生童话》；三年级，我们读《绿野仙踪》《格林童话之灰姑娘》《夏洛的网》《查理和巧克力工厂》《中国神话故事》；四年级，我们读《青鸟》《人鸦》《安房直子童话》《德国，一群老鼠的故事》《时代广场的蟋蟀》；五年级，我们读《黄书包》《青铜葵花》，莎士比亚的《威尼斯商人》,《特别的女生萨哈拉》《永远讲不完的故事》；六年级，我们读《小王子》《西游记》……共读的时候我们很快乐，边读边讨论。读完后，我们会一起总结，升华主题，办阅读手抄报，手抄报上写自己的感悟。就这样，一本本童书，成了我们班的共同生活密码。

我喜欢排童话剧

童话剧是一个大工程。我会把我们读过的童书改写成剧本，然后选角色，之后就开始排练。服装、PPT、音乐，我都要考虑。同时深深卷进来的还有家长们，他们负责一部分道具的制作。到目前为止，我们已经排过六部童话剧了，分别是《绿野仙踪》《青鸟》《威尼斯商人》《好饿的毛毛虫》《帝企鹅古古乐》《丑小鸭》，还有一个课本剧《小白兔和小灰兔》。每部童话剧全班小朋友都上，每个孩子都有自己的角色。演出完毕，孩子们很高兴，家长们也很开心。我们共读、共写、共演，共同编织着自己的幸福生活。

在魏智渊老师的资助下，我们还建立了班级图书馆，三年下来，有的孩子的阅读量已经超过一千多万字。

我喜欢看电影

我们每周都会看电影，四、五、六年级这三年我们看过 30 部电影！现在的博骏公学也一直在做这个课程。这些电影丰富了孩子们的视野，也培养着孩子们美好的品格。看完电影，我们会进行简单的讨论。我会邀请家长一起参与我们的讨论课。这是孩子们写的观后感，我也会把比较经典的电影讨论记录下来，形成实录。其中一篇《紧握信念的种子》还被收录在《打开别样教育世界——小学生创意电影课程的开发艺术》一书中。里面还含有家长们的感想。我们、孩子们、家长们也都深深爱上了这样的生活。

我喜欢"我手写我心"

苏霍姆林斯基曾说："要让词语活起来。"于是，我也给孩子们上"思维课"。带着孩子们来到学校后面的空地里，看黄瓜花、看桃花，玩一次纸飞机，冬天在阳台上看冰凌……这样，他们的眼睛看到了更多的生活中的点点滴滴，一个个词语就在他们的笔下活了起来。

在家长的协助下，我们办起了班刊，看到自己的文字变成了铅字，孩子们高兴极了！

我喜欢写"情书"

每周四的晚上，我会给家长们写信，在信里，我会把在"新网师"学习的教育理论讲给家长听，和家长们一起前进；还会总结孩子们一周的表现；在信里展示孩子们优秀的写绘作业或者作文。三年下来，这"大情书"我大概写了12万字。每学期结束，我会给孩子们写生命叙事，一学期，五十多个孩子，大概要写两三万字。字字都是我内心深处的爱呀！

共读、共写、共生活。新教育不仅照亮了孩子们的生活，也照亮了我的生活。我想，这就是我生命里的那束光。

携一缕书香　伴一路成长
——书虫班共读共写随笔的那些事儿

四川省旺苍县实验小学　王菊华

没有一艘船能像一本书，
也没有一匹骏马能像
一页跳跃着的诗行那样——
把人带往远方。
……

狄金森的这首诗，是我们书虫班每期的共读活动——"我是读书人"开场必诵的一首诗。三年多来，我与书虫们一起读书，一起写随笔，一起成长。

2020年9月，实验小学的桂花又开了。我与47个孩子相遇在浓浓的花香里，从此，我们有了一个共同的名字——小书虫。我们相约：每一个月，读同一本书；每一天，一起读书，一起写随笔……

当桂花再次飘香的时候，我们已经读完了《城南旧事》《三国演义》《夏洛的网》等十多本书。书页中爬满了他们读书时的批注，随笔也由一本写到了好几本。

《史记》，历史跨度三千多年，描写人物四千多个。小学生想要读透这本历史巨著，必须有较深厚的历史知识的储备。在小学阶段，并没有系统学习历史知识，那么，小学生读这本书，难度系数会不会太大？要不要推荐呢？推荐之后怎样引导孩子才能读得更透彻呢？我在推荐与不推荐之间徘徊。

一次在书店，偶然间翻到韩兆琦先生的《史记精讲》。这本书集原著、白话文于一体，每个章节后都附有韩兆琦先生的评论、赏析。我买下它，一口气读完。这些评论赏析，为我给孩子们提炼阅读引导提供了多种思路。就这样，我有了引导孩子们阅读《史记》的底气，最终决定把《史记》推荐给他们。

孩子们拿到书之后，并没有急于开始读开始写。我利用阅读课，帮他们梳理了中国文化的起源，历史朝代的更迭；给他们介绍了司马迁的生平，《史记》诞生的背景；讲解了"本纪""世家""列传"的含义等；为他们搜集了许多名家对《史记》的评价。做了这些阅读铺垫后，《史记》的共读共写教育随笔之旅就开始了。

我们相约：每天只读一个章节。每读一个章节，我会将自己的批注、提炼的阅读提示分享给孩子们。比如，在读《项羽本纪》时，我提炼出这样的阅读提示："鸿门宴"是历史上有名的故事，在这个故事中，你读出了项羽有怎样的性格特点？"巨鹿之战"对项羽来说，意味着什么？

孩子们根据我的阅读提示，边读边批注边写随笔。在读《孔子世家》时，一个孩子提出这样的疑问："王老师讲过，世家是记录世代为官的大家族，可是孔子出身贫寒，周游列国十四年回到鲁国，当了先生，这不符合世家要求。是司马迁出错了吗？"

我把这个问题抛给了孩子们，他们热情高涨，议论开来。后来他们达成一致："不是司马迁出错了，这恰恰说明孔子在当时读书人心中的地位非常高，以至于司马迁打破常规，把孔子放入'世家'来介绍。"没想到，孩子们会这样想。这是一个非常有价值的问题，很少有人会从这个角度去解读《史记》，解读孔子。当看到他们在读书的过程中，提出问题、讨论问题、解决问题时，我幸福地体会到了"待到山花烂漫时，她在丛中笑"的欣慰。

中央电视台有一档读书节目——《典籍里的中国》，由撒贝宁主持，主要介绍了《周易》《孙子兵法》等中华传统文化典籍。每一期，我都会放给孩子们看。正好有一期《史记》，因为刚刚读完《史记》，熟悉的人物，熟悉的故事，孩子们特别感兴趣，以至于接下来好几天的话题都绕不开《史记》。有孩子提议："王老师，我们也像撒贝宁哥哥一样，做'读书人'的节目吧。"

于是，一个单单属于我们书虫班的共读活动——"我是读书人"就这样问世了。

每天晚上七点，一个孩子会将当天的随笔，以读书分享人的身份录成视频，分享给别的同学。读书分享人是由47个孩子轮流担任的。如今，这个活动已经做了几十期了。

为了让孩子们的随笔写得更漂亮，我整理了随笔小技巧，做了一个视频集——"跟王老师写随笔"。每录一集，我就会分享给孩子们。如今，孩子们的随笔越来越有思想与个性。我将它们整理成册，就有了我们书虫班的第一本随笔集——《我们的故事》。在故事中，孩子们用手中的笔、心里的文字，将童年美好的读书时光记录下来，永恒定格。这是多么有趣的一件事啊。

朱永新教授在《阅读与人生》中这样说："一个人的精神发育史就是一个人的阅读史。"在读与写的过程中，孩子们的见识、胸襟、言行也在悄然地发生着改变……

小辰是一个沉默少言的孩子。一次，我在教室里突然听到他歇斯底里地叫："我就是一坨狗屎，你想怎样？"

原来，小辰的爸爸又进牢房了，第三位妈妈也不要他了。他说："王老师，我就是一坨狗屎，谁都不要我。"

我很想帮助他，但我深深地明白，想要让他重新燃起自信，并不是简单的说教就能一蹴而成的。只有把"让他改变"转换为"我要改变",才是真正意义上的帮助。我把目光投向了阅读。在共读书目中,因为他,我特意选了美国作家莫斯的《我要做我自己》,韩国作家徐仁永的《我真棒》。我组织孩子们交流书中主人公面对生活不幸时采取的态度,以及他们是如何改变自己不公平的命运的。一本书、两本书、五本书……一个月、两个月、一年……小辰常常沉浸在书的世界里。曾经暴躁阴郁的他有了笑容,曾经孤独落单的背影也出现在了篮球场上……

在随笔本的扉页上,他这样写道:"每个人都是一颗宝石,都会有自己的光芒,我要去追寻那光芒,我要做自己的宝石。"

孩子的话,又使我想起了孩子们共读活动中朗诵的那首短诗:

没有一艘船能像一本书,
也没有一匹骏马能像
一页跳跃着的诗行那样——
把人带往远方。
……

蝶变：舞动生命之歌

四川省旺苍县盐河镇万家小学校　彭兰

> 我是一只小蝴蝶。我不威武，甚至也不绚丽，但是我有翅膀有胆量，我敢于向天下所有的以平等待我的眼睛说："我是一只小蝴蝶！"——题记

星辰变化，四季更替，因缘际会踏入教育行列，那时年少轻狂，总认为以自己的才华教一群小学生绰绰有余。可当学生询问我是否读过他喜欢的那本书、最近在读什么书时我愣住了，原来读书是一件须终生坚持的事情，就像那枝丫上的毛毛虫永远都在蠕动身体前行，去寻找鲜嫩的树叶。

回顾少年时代的读书生活，一幅幅流光溢彩的画卷慢慢展开。"绿树阴浓夏日长，楼台倒影入池塘"，树下的少年倚靠着粗壮的树干，正沉浸在书中的世界里。冰心先生告诉世人幸福的花枝在命运之神的手里，寻觅着要付与完全的人。"围城"，不过两个字，寥寥十六笔画，却道尽了世间众多虚化事物本质。那一本本书籍将少年带向脚步丈量不了的地方，让自己的生命充满更多可能。

如今的自己是否还记得年少时的理想？如何做好孩子成长道路上的引路人？我是否能成为一名优秀的教师？许多日夜被这些问题困扰，痛苦、辗转反侧，仿佛迷失在大海上找不到方向。2018年，

新教育就像一艘船，带领我冲破迷雾，找到了新大陆。

当太阳从东方的群山身后缓缓升起，教室里的孩子们已经用他们美妙的朗诵声唤醒了沉睡中的世界，天地万物也仿佛有了感应。鸟鸣嘤嘤，婉转悠扬。各色蝴蝶，翩翩起舞。唯有树杈间的蚕蛹还处在静默生长的状态，积蓄力量。每一首诗歌都富有魔法，滋润了孩子的童年，生长出想象的翅膀，让我们忍不住提笔写诗。

"每一次飞行，都将成为一次旅行。累了，便停下来，就地安家，阳光、水、泥土，使我成为一株饱经风霜的蒲公英。"

原来在他们的诗歌里，蒲公英喜欢旅行，蜗牛一生都在努力行走，世间的情感如百合一样纯洁，如梅花一般坚强，故乡是情感经纬线上的牵挂……如余光中先生所说，每一个孩子都是一位天生的诗人。我想他们更是灵感收藏家，在美丽的校园里，在通往回家路的乡村田野间拾到的每一片树叶、每一抔泥土都可以变成写作素材。自己有时也会受到孩子们的感染写一写小诗，试图在喧嚣繁华的生活里记录这人间烟火气。

师生共写随笔就像是一座桥梁，连接了孩子和老师这两座岛屿，让我们共同成长，见证他们在更大的舞台闪闪发光。曾经有一个女孩，她属于班上的尖子生，可是连续几次考试都未能进入班级前三名，让她一度怀疑自己是否是一位优秀的学生，整天郁郁寡欢。一次偶然的机会，我的办公桌上的《绿山墙的安妮》引起了她的兴趣，我将这本书借给了她，后来时常在教室和图书角里看见她在读那本书。在她的笔记本上曾写下对安妮想说的话："我多么想成为像你那样讨人喜欢、活泼可爱的女孩，那样我的生活也会充满阳光。"我也送给了她几句话："只要你相信生活有阳光，它就有阳光；只要你向生活微笑，它也会毫不保留地向你微笑。"

2019年9月，她作为全县唯一的小学生代表站在了旺苍县新教育年度叙事活动的舞台上，自信大方地介绍自己的故事。幕布后的我百感交集，两种身份，不同青春，唯一相同的是我们都用自己的努力去书写人生的新篇章，成为更好的自己。你若盛开，清风自来，教育之花终将悄然绽放。

不是只有站在万众瞩目下的舞台才算成功，只要敢于直面内心的恐惧，就是抵御命运风暴的勇士。那天锦辞（学生笔名）哭哭啼啼地进了办公室，陪同她来的好朋友解释说，她写不出来以母爱为话题的作文，因为她父母离婚了，她觉得离开她很久的母亲并不爱她。委屈的眼泪顺着她通红的脸颊不停地流下来，安抚了她的情绪后，我暂缓了这次写作任务，因为没有真情实感的作文也仅仅是一次敷衍了事的作业。

随后我开展了"春田花花读书会——发现爱"阅读主题活动。孩子们用自己清澈动人的声音与同学分享自己喜欢的故事。我特意请求锦辞用她甜美的声音为大家读绘本故事《有一天》，优美感伤的语句和轻柔舒畅的节奏充满了爱和真挚的情感。请相信，无论你的母亲身在何处，她永远爱你，希望你能健康成长，幸福快乐！后来我让孩子们分组创作以爱为主题的绘本，大家都兴趣盎然，锦辞和她的搭档创作的绘本讲述了最质朴的母爱故事。那天暮省课教室很安静，只见她认真地在座位上去完成那篇未完成的作文，终于打破了内心情感的壁垒。

朱永新先生说，每一个生命都是一粒神奇的种子，蕴藏着不为人知的神秘，而阅读能够给种子以美好的滋养，并唤醒其所蕴藏的伟大和神奇。未来难避风雨，相信锦辞定能像那只瓷兔子"爱德华"，即使道路坎坷，也会满怀希望去爱。

读书和生活似乎有一种朦胧的关系，每当生活融入读书，读书步入生活，仿佛世间万象在那时得到升腾。那日正在学习琦君笔下的《桂花雨》，忽然有学生举手说闻到了桂花的香味，很想去感受一下桂花雨。思索片刻，想来这甜香四溢的味道就是桂花的邀请函吧，于是带所有的孩子跑到桂花树下。灿烂地笑，肆意地玩。这桂花香也会永远停留在他们的记忆中，无论以后身处何方，故乡的桂花总是最香甜的。这时有个孩子兴奋地喊道："快看，是蝴蝶！"所有人的目光都望向了它，蝴蝶正扇动着它美丽的翅膀在空中自由自在地飞舞。

蝴蝶的蜕变，也是生命注定方向中的一环，所以不用管蝴蝶怎样思考，它不过是在忠实地执行自己生命的历程。作为世间生命中的一员，正如蝴蝶的蜕变，尊崇生命的流向也是我们的使命，故而不必学蝴蝶，我们也是蝴蝶，蝴蝶也是我们。

擦亮每一个平凡的日子

四川省旺苍县普济中学　李霞

相遇新教育

我与新教育的美好相遇缘于2018年5月的成都学习。在石室双楠学校，我遇见了王兮老师，王老师的分享激起了我内心深处对教育的美好憧憬。"新教育"到底是什么？我迫不及待地买回《新教育》这本书，一边看一边做笔记。或许很少见我这样，儿子在书中悄悄留言："妈妈加油！反正我支持你。""妈妈加油！恭喜你读到一半了，我永远支持你！"我感动却也无比惭愧，心里暗暗告诉自己：一定把书坚持读下去，给儿子树立好榜样。日子一天天过去，读完了《新教育》，已经被新教育的理念深深吸引和打动，同年8月，我顺利加入了"新网师"，真正开启了专业成长之路。

践行新教育

怎么开展新教育呢？十大行动从哪一个开始？认真思考后，我计划从缔造完美教室开始。第一步：美化教室，布置教室，完成显性的教室文化建设。第二步：确定班名、班歌、班诗、班徽，让班级有一个美好的朝向。第三步：共同制定班级考核制度——多元梯度评价，力求让每个学生的能力都得到发挥和展示，调动学生的积极性，班级的发展初显良性循环。

2019年3月，我又尝试在班上开展培养卓越口才活动，朗读、读书分享、讲故事、演讲，每周两次，每次20分钟，学生轮流主持，全班参与。通过一个学期的训练，学生们愿说、敢说了。在这个过程中，同学们学会了倾听、尊重，懂得了合作，收获远远超出对口才本身的培养。

"生命就是书写一个故事，教育就是让每个人有省察地书写自己的生命故事。"我参加工作后，不到万不得已是不想动笔写东西的。但从阅读《新教育》开始，我每天记录生活的点滴，现在想来都有点不可思议，但这就是事实。我越写越有积极性，越有积极性越想写，我发现早晨最适合写作，思路清晰、环境安静，我发表的第一篇文章《赞美的力量》就是早晨一气呵成的，用了不到一个小时，这篇文章修改后获得广元市论文比赛三等奖。此后陆续获奖的论文均得益于"新网师"课程学习的作业和日常实践，这是当初加入"新网师"时没有想到的。

在"新网师"学习，每天要打卡。最初，我一个人写，后来我和学生一起写。如今，在我的家里放着十几个笔记本，那是我和学生共同的记忆，里面写得好的文章已被学生整理成电子文档，我现在尝试把其中一些文章分享到公众号里。最开始，每个同学每天写一篇，结果绝大多数同学敷衍我，毕竟初中生的自由时间太少了。后来我改变方式，全班同学分成六个小组，每个组一个本，组员轮流写，这样，每个同学每周写一篇即可，但相互要点评。有了同学间的点评和鼓励，慢慢地，日记的内容丰富起来，也真实了，记流水账的少了，写自己思考的多了。例如，在实施了班级多元梯度评价后，小琼同学在日记中写道：

我有幸成了小组长，虽然多了一份压力，可是我的内心却很喜悦，通过这份"工作"，我找到了自信心，增强了责任感……

实行新的考核后，绝大多数同学能自觉地规范言行了，更多的同学主动投入到学习中，许多同学因为看到自己的进步而高兴，自信心也得到增强。

小伟同学则在多次参加培养口才的系列活动后，写下《朗读的收获》一文：

平时上台总不好意思，开始的时候我不敢，我没有那个胆子，很害怕，但是心里想，他们都敢上去，我为啥不敢上去呢？……在多次上台中，我觉得自己发生了很大的改变，以前早上的时候，别人在认真地读书，我总找一些人说话，现在觉得当时好傻，错过了那么多的时间，错过了几十个早自习，现在我早自习读得非常认真，不是读课文就是读文言文，感觉非常有意思。我现在每次都想上台去读，给大家分享我的知识，让我变得更好，让大家变得更好。

很多时候，我们认为开展活动就缩短了学生学习的时间，影响了成绩，事实证明，好的活动同样育人。不用刻意去教育学生，但他们的行为习惯、思想品质却悄然发生了变化，融入了他们的心灵。

同学们写日记，我也写，加入"新网师"后，我在打卡群写，写自己的故事，写学生的故事，写我们共同的故事。我在书写中思考，在思考中进步，有学生说自己的写作能力有了提高，我又何尝不是呢。小琼同学曾在《新教育带给我们的变化》一文中写道：

每周五，李老师要收上去看，并给我们写"点评"，其实是写鼓励我们的话，这一年来，我的写作能力得到了提高，同学之间、师生之间的关系也越来越好了。我们的班级日记本，李老师为我们保管着，多年后，当我们翻开这一本本满是宝藏的本子，该是多么美好的回忆啊！

和学生共成长的感觉，真好！这就是师生共写的意义吧。

除了固定的班级日记，一些学生还会给我写信，小伟同学的信给我留下了深刻的印象。他在信里写道，老师不再像过去那样，一进教室就让他们感到很害怕，当老师带着微笑走进教室，用柔和的语气和他们讲话的时候，他感动了。

写信的小伟是班上的调皮学生，他说我变了，他也想改变。其实是新教育改变了我，尽管当时知道新教育，阅读《新教育》也才一周多的时间，但当时内心有一种很强烈的愿望——我要改变！只是我没想到，我的一点儿改变对他产生了如此大的心理冲击。可见，想让学生改变就要先改变自己！

2020年，突如其来的疫情使春季开学延迟到了4月，为了让学生们有积极的情绪学习和生活，我在假期中先后写了三次信，其间，班长和学习委员也参与进来，信发到班级群，同学们相互鼓励，为即将来临的中考做准备。

学生进入初三最后一学期时，我打算给学生每人写一封信（但最后因为时间太紧，只是给一部分同学写了），同学们看到我给他们的信，很意外，很惊喜，一些同学给我写了回信，我自然也很开心。小月同学在回信中说：

李老师，谢谢你的鼓励，没想到我作为班长做了那么多事，我有那么多的进步……李老师好的时候很好，不好的时候就是同学们讨厌的样子，而这个不好指的是没有冷静下来解决事情，这是你需要改进的地方。

能得到学生中肯的建议，真好！和学生共同生活的日子里，我们用纸和笔编织生活，这期间的苦与乐都是美好的回忆，曾经的付出都是值得的，因为不是有了结果才坚持，而是坚持了才有结果。现在，新一届的学生的文章可以通过校园小广播播出，这给了他们新的体验，收获也更多。

感恩新教育

今年是我进入"新网师"学习的第四年，我的课程观、课堂观、学生观、育儿观都深受"新网师"学习的影响，我将所学运用在教育教学中，收获很多。家人对我在"新网师"的学习也由不理解、质疑到现在的支持、肯定，这就是对新教育的认可！

遇见了新教育，真好！因为遇见它，擦亮了每一个平凡的日子！

读写，共赴一场幸福之约

四川省旺苍县佰章小学校　边小英

开启共读，点亮幸福

（一）希望之光，播下火种

每个人心中都有个幸福的故事，幸福是什么？当希望之光，注定在我、我们，还有带领的一群孩子心间播下火种，助力个人成长和学校发展的时候，这就是幸福。我们的幸福缘起这里——佰章小学南阳基点校。2018年，这里组建了旺苍新教育的第一个悦读汇，吸引了局长、校长、主任，还有佰章小学一群蹭会的人。正所谓惠风和畅，群贤毕至。在这里，我们走进了一本本专著，交下了一位位朋友，找到了幸福的源头，南阳基点校也因此而得名南阳书院——缤纷世界，花果南阳；书院飘香，幸福永长。

（二）星星之火，势必燎原

聚是一团火，散作满天星。阅读的火种迅速传递到了学校，佰章积微聚悦读汇应时而生。前几期人并不多，但都是些主动加入的阅读爱好者。而作为会长的我此时密切关注的是语文高段组的刘老师，这两年里常听到她感慨工作运气差，职称上不去。还好，动员之下，她来了，那时正值我们读《静悄悄的革命》，记得有一期大家聊了这样的话题：教师应意识到，自己站在教室里，在和学生一起共度愉快的时光。当时这句话对她简直是直击灵魂的拷问，她沮丧地说自己的课堂很失败，并不快乐。

有了这次冲击后，她对悦读汇便慢慢地产生了依赖，至此低沉的日子变成了静静的阅读，自信从容的分享替代了唉声叹气的抱怨。用她自己的话说，之前是一个人走夜路，只得摸黑前行，如今，有了先贤哲人的指引，又有了书友们的鼓励，她的心一下子亮堂起来了。

不错，三年的光阴里，从《给教师的建议》《静悄悄的革命》到《夏山学校》《古诗词里的快意人生》，一本本书仿若一盏盏灯，照亮了每一个阅读人。我们共读20多本书，开展交流活动近100期，组织越来越大，有即将退休的姚老师，负责后勤的李主任，还有一到佰章就加入的代校长，当然品位也越来越高。

（三）幸福之光，摇曳生辉

星星之火须成燎原之势，教研组阅读已成气候，接下来面临的问题是怎么让体育组的老师静下来读书。最后大家选定了毛振明教授的体育趣味课程，由体育组教研员带着大家读，不仅读，还要组内交流，还要运用到课堂，还要走上讲坛，全校分享。

杨绛先生说：读书是为了遇见更好的自己。的确，在佰章，读书让我们遇到了更好的自己。我们的教师讲坛办到了74期，每一次分享都是一次思维的碰撞和智慧的叠加，我们欣喜地看到一批批年轻人正在飞速地成长。当然，会上体育游戏课的体育老师也更加迷人……

在大量的阅读中，刘老师决心改变，让学生和自己也能在教室里共度愉快时光，感受生命的成长。于是，他们晨诵诗词、午读名著，暮省规矩、礼仪。教室、花园、舞台……一个个"小书虫""小书迷"成了校园里最美的风景。新教育一直主张,把最美好的童书给最美丽的童年,我在这里也悄悄地告诉大家,我带语文,质量取胜的法宝也就一个——阅读,再阅读,即使离毕业只有一周多时间,我们还是在阅读的路上!就这样,我们一直读,一直走,刘老师成了阅读教学的先行者,新教育实验的排头兵,更为重要的是她的课堂多了快乐。而阅读更成为我们这一群人奔赴幸福的快车道。

抒写生活,感悟幸福

(一)学生随笔,生命的礼赞

阅读只是第一步,写作才能更好地抒发内心,尊重生命,感受幸福。

于是我们开始写远足:

明明可以带我最喜欢的自热火锅,老师却偏偏让我们学包饺子,做西红柿炒鸡蛋;明明原路返回只有一个小时的路程,老师却偏偏要把它变成从红垭返回走三个多小时。现在想想,好像也不那么后悔。

写食堂美食:

每周二晚我是带着对炸酱面的想念入睡的,不用宿管老师叫,第二天我也会早早地起床,因为我要给打第二碗面留出充足的时间,这可是我一年里吃出的经验。

他们什么都敢写,什么都能写,从此写作课也变得妙趣横生,温柔多情。

乘着新教育的东风,我的工作室也抓住了写作的契机,按课前积累素材、课中评价修改、课后分享展示形成了一整套习作教学体系,并在全县的交流中引起了很好的反响。在这里,我还告诉大家,我们班的学生寒暑假作业永远只有两项:除了阅读,就是编制自己的作文选。

(二)教师抒写,诗意的流淌

说起写东西,我以前也畏惧。然而在悦读汇每周千把字的分享下,逐渐也能"信手拈来",甚至"文思泉涌"。我算了算,三年来仅阅读感悟就达到了六万多字。整个悦读汇已汇集了大家近100万字的读书成果,老师们的文字里藏着星河万里、繁花四季,让教室的方寸世界变得浩瀚宏阔,更让一段段朴素的教育时光如涓涓溪水般诗意地流淌。

最近刘老师在她的生命叙事《阅读陪伴师生成长》中写道:"我和蒲公英班的孩子们悄悄地爱上了阅读,学会了写作,至此我才醒悟,哪有什么运气,只要行动,就有收获,只有坚持,才有奇迹。"

是的,因为行动,秋蕊老师被推到了"守望新教育"公众号上;因为读写,我成为了省级名师;因为坚守,王主任被评为卓越课程研发者,幸福的阅读点灯人……

丰富课程,幸福永长

"蒲公英班"毕业了,去年永菊老师申请了教一年级,她从心底升腾起一个强烈的愿望,要在丰富的课程里陪伴"弘毅班"的孩子好好感受幸福的时光。

于是，她带着他们参加祭孔大典，开蒙启智，学规明礼，开启经典诵读，儒家文化的精髓开始慢慢地浸润他们。

她带着他们在美术馆里自由穿梭；在根艺馆里无限遐想；在"公输房"手工教室里敲打摆弄，丰富的美育资源正为他们的生命绘制底色。

她带着他们走进厨艺堂、QQ农场、耒耜园，体验做菜、识农具、栽菜苗，让劳动实践赋予了他们无限可能……

新教育的风绿了大地，美了校园，刘老师和我们的故事暂告一段落，而佰章的故事才刚刚开启。心有所信，方能致远；读有所悟，而后笃行。我们将继续用读写共赴一场场幸福之约……

后 记

2022年7月8日—10日，2022新教育实验研讨会在四川省旺苍县举行。此次研讨会由中国陶行知研究会新教育分会主办，中共旺苍县委、旺苍县政府承办，研讨会主题为"新教育写作：师生共写随笔"。四川省内新教育实验代表及特邀嘉宾等五百多人现场参会，五十多万全国各地新教育人通过新教育未来学习中心、新教育App免费直播，参与观摩学习。

8日下午，与会人员观摩了旺苍黄洋小学、东河小学、东河一园、木门小学、石桥小学、栢章小学、七一中学、清江幼儿园、实验小学、博骏公学等十所学校的现场展示。各开放学校"小而优""小而美""小而特"的办学特色，以及围绕新教育实验"十大行动"开展的各项活动，给与会者留下了深刻印象。

9日上午，2022新教育实验研讨会举行开幕式。开幕式由中国陶行知研究会副会长、江苏昌明教育基金会理事长卢志文主持。全国政协常委、副秘书长，民进中央副主席，中国陶行知研究会会长，新教育实验发起人朱永新，广元市委常委、宣传部部长袁敏，旺苍县委书记唐文辉，苏州市新教育研究院院长李镇西，广元市委教育工委书记、市教育局党组书记黄廷全，苏州市新教育研究院常务副院长陈东强，旺苍县委副书记、县长杜非等领导出席开幕式。

唐文辉代表旺苍县委、县政府致欢迎辞。他表示，近年来旺苍县全面贯彻"立德树人、五育并举"的教育方针，大力实施科教驱动战略，全力推进新教育实验，在特色校园建设、教育联盟组建和教师队伍素质提升等方面均取得喜人成绩，教育已经成为旺苍一张亮丽的名片。

新教育实验发起人朱永新教授以《真实美好的旺苍新教育》为题，作了热情洋溢的讲话。他指出，旺苍的校园是美丽的，旺苍的教师是朝气蓬勃的，旺苍的孩子是眼睛明亮的。旺苍新教育实验是"真的教育""实的教育""美的教育"，更是"好的教育"，相信旺苍教育人必将继续缔造自己的教育传奇，提升旺苍教育品质，实现旺苍教育腾飞。

在旺苍新教育实验叙事环节，旺苍县教育工委书记、县教育局党组书记、局长殷才昌以《红城绿谷飘书香 师生共写话成长》为题进行了区域叙事，随后十一名教师从不同角度讲述了他们相遇新教育、共写生命传奇的生动故事，引发了与会人员的深刻共鸣。

9日下午，研讨会进行了新教育写作专业引领。由我担任主持，郝晓东、张菊荣、管建刚、季红梅、赵仁菊、胡艳、卢振芳、黄华斌、陈冬梅、任敬华、茅雅琳、石星星等十二位代表进行精彩叙事，苏州市新教育研究院院长、著名特级教师李镇西，研究院副院长、著名特级教师李庆明分别进行了精彩点评。

10日上午的会议由李镇西院长主持。新教育实验发起人朱永新教授以《写作创造美好生活》为题作2022新教育实验年度主报告。他厘清了写作与新教育写作的异同，回顾了新教育写作的发展历程，阐述了新教育写作的特点，指明了新教育写作的实践路径。他指出，新教育写作的意义与价值在于让个体成为更好的自己，让社会发展更加和谐，让教育生活更加精彩。他还介绍了新教育在学生写作、教师写作、共同体写作方面最新的实践探索。最后，朱永新教授发布《旺苍宣言》，号召新教育人以学生、教师、父母为主体，构建起新教育写作共同体，用语言文字和其他辅助媒介，记录精彩人生，讲述生命故事，用学生的发展、教师的成长、家庭的幸福和社会的进步，精彩诠释"过一种幸福完整的教育生活"的意义。

  本次年会主报告是新教育团队协同攻关的成果。朱永新教授亲自主持了主报告研制工作。苏州市新教育研究院和苏州大学新教育研究院分别组织起草团队，苏州市新教育研究院副院长李庆明先生、新教育研究中心林忠玲先生和我承担了终稿的起草，中国陶行知研究会新教育分会理事长许新海参与审稿，最后由朱永新教授审核、定稿。

  在本书付印之际，对参与本书资料收集和书稿整理、编辑、校对的所有新教育同仁，对华东师范大学出版社李永梅社长和程晓云老师等，对参与组织2022年会的所有新教育同仁，对多年来关心支持新教育实验发展的所有领导、朋友，一并表示诚挚的感谢！

许卫国
2024年2月8日